AF174598

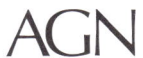 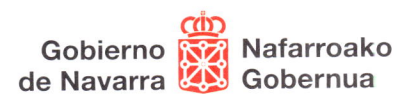 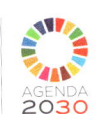

EXPOSICIÓN

ORGANIZACIÓN

Archivo Real y General de Navarra

COMISARIAS

M. Raquel García Arancón
Ana Zabalza Seguin
Mari Mar Larraza Micheltorena

DIRECCIÓN TÉCNICA

Roberto Ciganda Elizondo. Muraria S.L.
Fernando Cañada Palacio. Muraria S.L.

COORDINACIÓN

Félix Segura Urra

DISEÑO

José Miguel Parra Torres

RESTAURACIÓN

Barbáchano y Beny S.A.
    Raquel Pérez Mata
    Alejandra de la Rosa López
    Ainhoa Ekai Alchu
Sección de Registro, Bienes Muebles y
Arqueología. Gobierno de Navarra

DIGITALIZACIÓN

Inetum España S.A.
    Elena Cabello Ruiz

TRANSPORTE

Moreno Vallés Transportaarte

SEGURO

Seguros Bilbao

TRADUCCIÓN DE TEXTOS

Maitane Pernaut Elía (Archivo
Real y General de Navarra)

ASISTENCIA TÉCNICA

Raúl Gastón Rincón
José Landa Remírez

CATÁLOGO

EDICIÓN

Gobierno de Navarra
Departamento de Cultura, Deporte y Turismo

TEXTOS Y SELECCIÓN DOCUMENTAL

M. Raquel García Arancón (siglos XII-XV)
Ana Zabalza Seguín (siglos XVI-XVIII)
Mari Mar Larraza Micheltorena (siglos XIX-XX)

COORDINACIÓN

Félix Segura Urra

DISEÑO GRÁFICO

José Miguel Parra Torres

SELECCIÓN DE ILUSTRACIONES

Roberto Ciganda Elizondo. Muraria S.L.

FOTOGRAFÍA

Archivo Real y General de Navarra
José Luis Larrión

IMPRESIÓN

Gráficas Castuera

© Los autores, de sus respectivos textos
© Autores y depositarios, por las imágenes

DL NA 743-2024

ISBN 978-84-235-3701-3

PROMOCIÓN Y DISTRIBUCIÓN

Fondo de Publicaciones del Gobierno de Navarra
Calle Navas de Tolosa, 21
31002 Pamplona
Tel.: 848 427 121
fondo.publicaciones@navarra.es
https://publicaciones.navarra.es

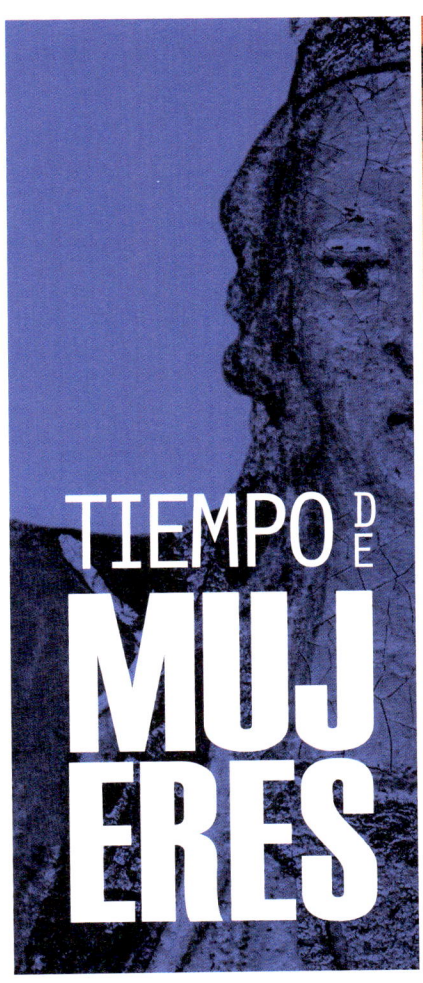
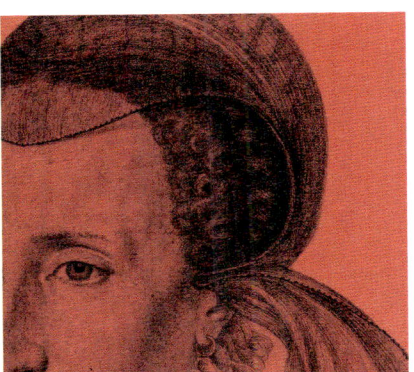
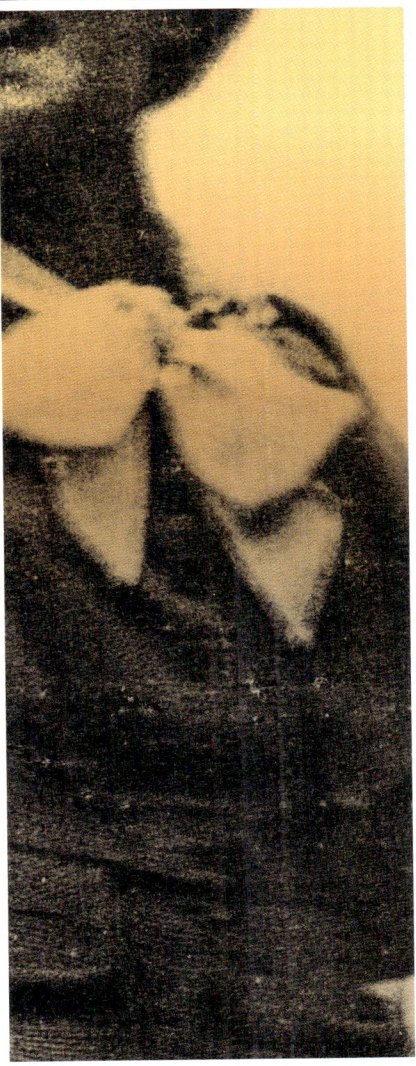

TIEMPO DE MUJERES

HUELLAS FEMENINAS
EN LA HISTORIA
DE NAVARRA

ÍNDICE

PRESENTACIÓN

La muestra «Tiempo de mujeres. Huellas femeninas en la historia de Navarra» inaugura un nuevo ciclo para las exposiciones temporales del Archivo Real y General de Navarra. Las grandes efemérides históricas de la última década han permitido revisitar temas clásicos desde perspectivas renovadas. Ahora llega el momento de dar cabida a nuevos temas, incentivados por la actualidad de la investigación y las inquietudes de la ciudadanía, abordados con propuestas sugerentes y desde enfoques metodológicos innovadores.

Con esta exposición, el Archivo Real y General de Navarra se asoma a la historia de las mujeres por primera vez de manera monográfica e invita a repensar nuestra historia desde una perspectiva femenina, haciendo propios los postulados de la historia de género para reivindicar el papel protagonista de las mujeres como agente y motor de transformación también en Navarra. Es una propuesta pionera que no por ello renuncia a ofrecer una visión global; pero también necesariamente incompleta, porque se trata de una historia en construcción, para cuyo desarrollo es necesario seguir recuperando fuentes documentales, desarrollando nuevos métodos de análisis y ampliando los temas de estudio.

Son mujeres concretas las que articulan el discurso expositivo. Mujeres a veces excepcionales, encumbradas a la cúspide de la escena pública. Otras son desconocidas representantes de una realidad social específica pero silenciada. Son, en todos los casos, mujeres que contribuyeron a construir su tiempo histórico, cuyo devenir forjaron con sus propias vidas. Aspirar a contener un universo tan amplio y expansivo en una exposición sería irreal. Las seleccionadas son necesariamente una muestra muy acotada. Son muchas las que quedan sin nombrar, conocidas o por conocer. No se aspira a

nombrar a todas las que son. Pero sí a dibujar a través de sus vidas un contexto que permita comprenderlas y comprendernos mejor. En este sentido, son todas las que están. Y permiten ofrecer una visión general de las mujeres en su tiempo histórico, para descubrir que la suya no es una historia lineal, sino un proceso abierto y lleno de matices, de avances y retrocesos.

Tres prestigiosas historiadoras, especialistas acreditadas en sus ámbitos de estudio, son artífices de estos contenidos. En una feliz confluencia de intereses, las doctoras Raquel García Arancón, Ana Zabalza Seguín y Mari Mar Larraza Micheltorena han unido sus esfuerzos para ofrecer esta visión renovada, plural y enriquecedora sobre la presencia femenina en la historia de Navarra. En una perspectiva diacrónica, su discurso expositivo permite conocer la evolución de la condición femenina desde la Edad Media hasta el advenimiento de la II República.

Es ya un signo de identidad del AGN la atención a las fuentes documentales, que sustentan todo el edificio de la ciencia histórica. En este caso, la muestra descansa sobre una cuidada selección de 68 documentos datados entre los siglos XIII y XX, muchos de ellos inéditos y hasta ahora nunca expuestos. Documentos y circunstancias que testimonian el legado histórico de unas vidas concretas, con nombres y apellidos, representativas de otras vidas anónimas que contribuyeron a forjar nuestra sociedad. Celebramos que desde el Archivo Real y General de Navarra se haya querido abordar una temática tan demandada hoy en día por parte de la ciudadanía y que este cambio se perciba como la antesala de nuevos montajes expositivos que, sin duda, sorprenderán al gran público en los próximos años.

Rebeca Esnaola Bermejo

Consejera de Cultura, Deporte y Turismo
Gobierno de Navarra

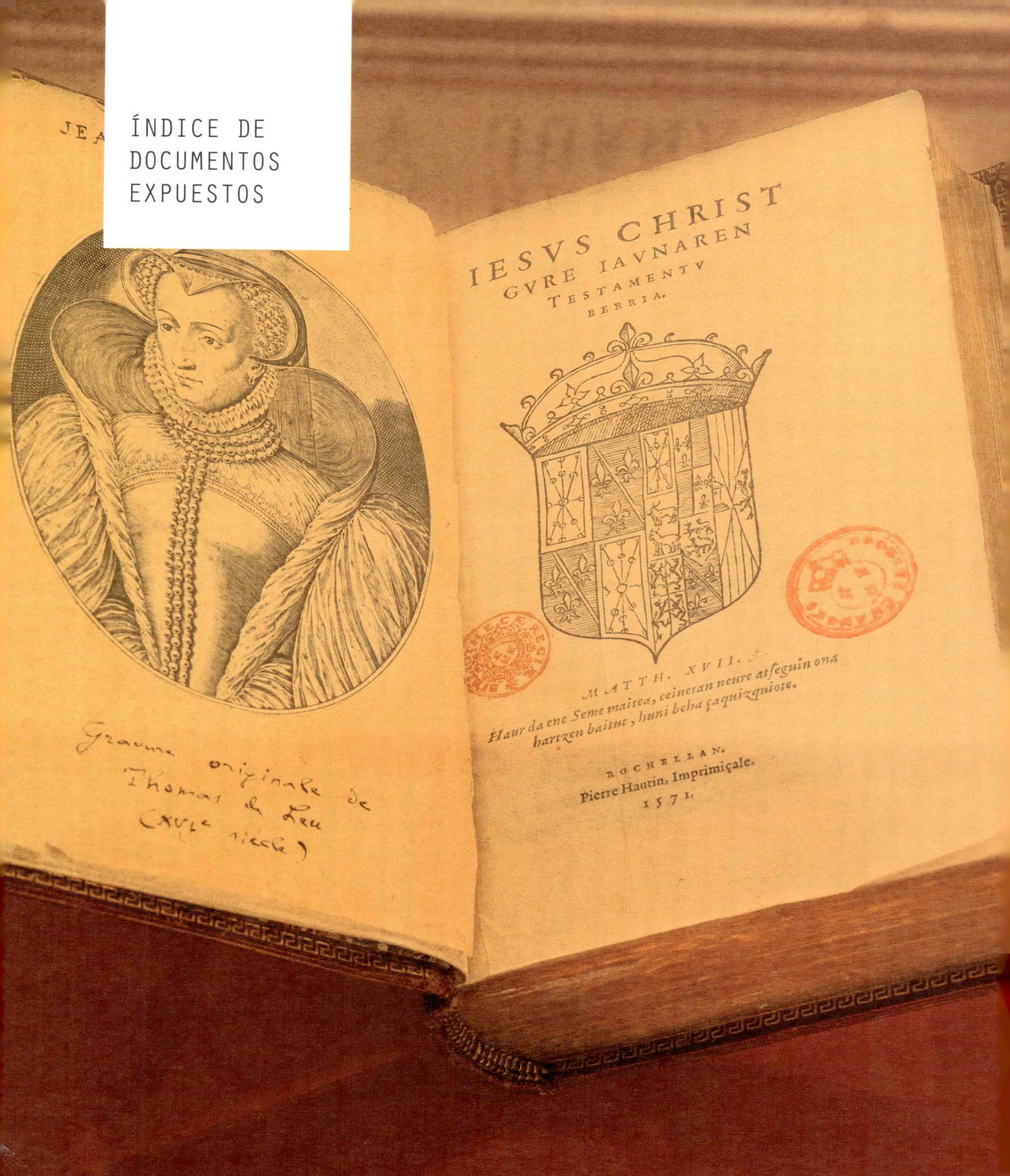

DOCUMENTO 1.1.

Berenguela de Navarra, reina viuda de Inglaterra, concede diversas rentas y tierras a la abadía cisterciense de L'Épau, fundada por la propia reina en Le Mans (Francia) en 1228. 1230 (BL, Add Ch 46402)

DOCUMENTO 1.2.

Acta conjunta de Berenguela de Navarra, reina de Inglaterra, y Juana de Inglaterra, reina de Sicilia, para tomar a cargo una deuda de unos ciudadanos romanos. Palacio de Letrán, Roma, 9 de abril de 1193 (ADSM 7 H 57)

DOCUMENTO 1.3.

Berenguela de Navarra, reina viuda de Inglaterra, enumera varias compras que ha realizado, que dona a la abadía de L'Epau. Abril-mayo, 1230 (ADSM, AD 72, H 833/3)

DOCUMENTO 1.4.

Berenguela de Navarra, reina viuda de Inglaterra, nombra a Thiebaut de Beaumont, burgués de Le Mans, representante de la abadía de La Pitié-Dieu, y le exime de cualquier obligación fiscal. Abril-mayo, 1230 (ADS, AD 72, 111 AC 939)

....

DOCUMENTO 2.1.

Consentimiento de Teobaldo II, rey de Navarra, conde de Champaña y Brie, para la boda de su hermano Enrique con Blanca de Artois. Olite, 24 de junio de 1269 (ANF, J. 613, n. 5)

DOCUMENTO 2.2.

Blanca de Artois, viuda del rey Enrique I de Navarra, ordena la cesión del soto Cajal al concejo de Tudela. Pamplona, 14 de agosto de 1274 (AMT, Caj. 2, n. 6)

DOCUMENTO 2.3.

Blanca de Artois, viuda del rey Enrique I de Navarra, recompensa la defensa de los vecinos de Viana frente a los castellanos y les exime del pago de la fonsadera. 9 de febrero de 1275 (vídimus de 1319) (AGN, CO_DOCS., Caj. 3, N. 74)

DOCUMENTO 2.4.

Sello de Blanca de Artois. Vaciado en yeso del siglo XX de un sello de Blanca de Artois de 1269 (AGN, SIGILOGRAFIA_3, D588)

DOCUMENTO 2.5.

Sello de Blanca de Artois, reina viuda de Navarra. Vaciado en yeso del siglo XX de un sello de Blanca de Artois de 1275 (AGN, SIGILOGRAFIA_3, D11380)

....

DOCUMENTO 3.1.

Carta de Felipe VI, rey ce Francia, confirmando lo acordado entre Leonor de Comminges, condesa de Foix, y Juana II, reina de Navarra, para el matrimonio entre Gastón Febo, conde de Foix, e Inés de Navarra. Saint Germain les Evreux, 5 de mayo de 1349 (AGN, CO_DOCS., Caj. 9, N. 120)

DOCUMENTO 3.2.

Concesión de Carlos II, rey de Navarra, a su hermana Ines de Navarra, condesa de Foix, de 400 florines de oro de renta anual, para mantener honestamente su estado. Olite, 10 de septiembre de 1372 (copia certificada: Olite, 2 de octubre de 1372) (AGN, CO_DOCS., Caj. 27, N. 54,2)

DOCUMENTO 3.3.

Cuentas del hostal de la infanta Inés de Navarra, condesa de Foix, hija del rey Felipe III. Julio 1387 (AGN, CO_DOCS., Caj. 65, N. 11,6)

DOCUMENTO 3.4.

Inventario de los bienes reclamados por Inés de Foix al conde de Foix. Pamplona, 1391 (AGN, CO_DOCS., Caj. 173, N. 23)

....

DOCUMENTO 4.1.

Testamento de Flandina Cruzat, burguesa de San Cernin de Pamplona. Pamplona, 26 de diciembre de 1343 (copia del 13 de enero de 1535) (Archivo de la Parroquia de San Saturnino, doc. n. 357, fol. 6r. Actualmente en ADP)

DOCUMENTO 4.2.

Registro de Donoria de Felicia en el catastro. 1264 (AMO, Lib. 1, f.53r)

DOCUMENTO 4.3.

Testamento de Bernarda de Pimbo, burguesa de Tudela. 1383 (AMT, Fondos Notariales, Tudela, Martín Don Costal, caj. 1, pp. 187-188)

DOCUMENTO 4.4.

Referencias a doña Juliana en el libro de cuentas del peaje de Lecumberri. 1363 (AGN, CO_REG. N. 109, fol. 300v)

....

DOCUMENTO 5.1.

Registro de cuentas del hostal de Blanca I, reina de Navarra. 1425-1426 (AGN, CO_REG. N. 387, fol. 386r)

DOCUMENTO 5.2.

Blanca I, reina de Navarra, comunica a los maestres de su hostal y de su Cámara de los Dineros el nombramiento de María de Villaespesa como doncella de su hostal, con gajes de 9 sueldos diarios. Olite, 15 de junio de 1426 (AGN, CO_DOCS., Caj. 125, N. 16-4)

DOCUMENTO 5.3.

Blanca I, reina de Navarra, comunica a los maestres de su hostal y de su Cámara de los Dineros el nombramiento de María de Peralta como doncella de su hostal, con gajes de 9 sueldos diarios. Olite ,15 de abril de 1426 (AGN, CO_DOCS., Caj. 125, N. 12-9)

DOCUMENTO 5.4.

Blanca I, reina de Navarra, comunica a los maestres de su hostal y de su Cámara de los Dineros el nombramiento de Gil Martínez de Beortegui y su esposa Blanca de

Beaumont como servidores del hostal de su hija Blanca, a gajes de 10 y 9 sueldos diarios respectivamente. Olite, 15 de agosto de 1426 (AGN, CO_DOCS., Caj. 125, N. 22-1)

DOCUMENTO 5.5.

Blanca I y Juan II, reyes de Navarra, dan a María Pérez un jardín cerca del castillo de Tiebas, en pago a los servicios prestados. Olite, 17 de enero de 1426 (AGN, CO_DOCS., Caj. 125, N. 6)

....

DOCUMENTO 6.1.

Primera traducción al euskera del Nuevo Testamento, encargada por Juana de Albret a Joannes Leizarraga a fin de difundir el calvinismo en Navarra. La Rochelle (Francia), 1571 (BN, TB-Lei)

DOCUMENTO 6.2.

Árbol genealógico de los reyes de Navarra, desde el legendario Ramiro hasta Enrique IV de Francia. Hacia 1612 (AGN, FIG_HERALDICA, N.153)

DOCUMENTO 6.3.

Juana I y Carlos I, reyes de España, prohíben a sus súbditos del reino de Navarra hablar sobre los derechos de restitución del reino a Enrique de Albret, hijo de los reyes de Navarra (Tafalla, 29 de mayo de 1518 (AGN, AP_RENA, Caj. 28, N. 2-5)

DOCUMENTO 6.4.

Ejemplar de la obra más difundida de Margarita de Angulema, *El Heptamerón* (1558), reflejo de su formación renacentista. París, 1850 (AGN, BIBLIOTECA, FBA/786)

....

DOCUMENTO 7.1.

Relación de la vida de la venerable Catalina de Cristo, biografía preparada y manuscrita por Leonor de Ayanz y Beaumont, carmelita descalza hija de los señores de Guenduláin. Barcelona, 1594 (CSJ, códice P1)

DOCUMENTO 7.2.

Biografía de Catalina de Cristo, fundadora del convento de Carmelitas Descalzas de Pamplona, el primero establecido después de la muerte de santa Teresa de Jesús (1583). Zaragoza, 1657 (UN, Biblioteca, FA 137.456)

DOCUMENTO 7.3.

Carta de santa Teresa de Jesús a la hermana Leonor de la Misericordia, escrita tres meses antes de su muerte. 7 de julio de 1582 (CSJ)

....

DOCUMENTO 8.1.

Ancha de Zuriáin, campesina vascoparlante vecina de Uroz, se niega a abandonar su casa en 1610 cuando su marido, Juan de Lizoáin, es coaccionado a hacerlo por un vecino más poderoso. Uroz (valle de Lizoáin), 1610 (AGN, Consejo Real, proceso 072633)

DOCUMENTO 8.2.

Valoración de la riqueza de la villa de Lesaca. 1607 (AGN, CO_VALORACIÓN, Leg. 26, N. 4-2, fol. 19r)

DOCUMENTO 8.3.

Juego de llaves de arcas y mobiliario doméstico. Sangüesa, siglos XIX-XX (MEN-JCB, inv. 955)

DOCUMENTO 8.4.

Argizaiola. Vera de Bidasoa, primera mitad del siglo XX (MEN-JCB, inv. 10.595)

....

DOCUMENTO 9.1.

Carta de Juan de Barreneche a Ana María de Balentena, vecina de Lesaca, albacea de Mariana de Barreneche, su hermana, dando noticia de su muerte y ordenando fundar la capellanía según disposición testamentaria. Lesaca, hacia 1749 (AGN, Notaría de Lesaca, J. B. Sampaul, n. 6, 1749, fol. 23)

DOCUMENTO 9.2.

Carta de Martín de Améscoa desde México a su cuña-

do Martín de Artieda y su hermana Gracia de Améscoa dando dinero para la dote de sus sobrinas y consejos para su matrimonio. México, 12 de febrero de 1715 (AGN, Consejo Real, proceso 092639, fols. 71r-73r)

DOCUMENTO 9.3.

Carta de Juan de Arana, vecino de Caparroso, comerciante en la Martinica, a su hermana María enviándole cacao, azúcar y una palangana de plata y anunciando el envío de 500 pesos, y a su sobrina con recomendaciones sobre la administración del dinero. Martinica, 3 de enero de 1720 (AGN, Corte Mayor, proceso 206417, fols. 17r-18v)

DOCUMENTO 9.4.

Pleito de Bernardo Lamota, natural de Francia y residente en Pamplona, contra María Francisca Achutegui, mujer de Juan Castillo, ausente, vecina de Viana, sobre pago de 1.298 reales de venta de mercancías. Pamplona, 8 de mayo de 1739 (AGN, Consejo Real, proceso 006085, fols. 62v-63r)

....

DOCUMENTO 10.1.

Testamento de Francisca de Gages. Proceso de José Charon, comerciante, contra Jose Antonio Berroeta, cabezalero testamentario de Francisca de Gages. 1792 (AGN, Corte Mayor, proceso 276323, fols. 19v-20r)

DOCUMENTO 10.2.

Proceso de Isabel de Labayen, apoderada de Martín Gregorio de Zabala, su hijo, contra Lorenzo Coroneu, mercader de libros y librero. Pamplona, 1668 (AGN, Corte Mayor, proceso 165001, fol. 16v)

DOCUMENTO 10.3.

Calendario lunar, impreso por Isabel de Labayen. Pamplona, 1670 (AGN, Consejo Real, proceso 076675)

DOCUMENTO 10.4.

Modelos de letras de imprenta. Pamplona, hacia 1672 (AGN, Corte Mayor, proceso 179919, fol. 192r-v)

....

DOCUMENTO 11.1.

Carlos I de España, y en su nombre el virrey de Navarra, perdona a Miguel de Egüés la muerte de su esposa, María de Viana, ocurrida nueve años antes. Egüés había combatido catorce años como soldado al servicio del emperador en Alemania e Italia, y no se le habían pagado sus servicios. Pamplona, 16 de febrero de 1556 (AGN, Consejo Real, proceso 096444)

DOCUMENTO 11.2.

Pleito del fiscal contra Miguel de Egüés sobre malos tratos, agresión y homicidio a María de Viana: testimonio de Vitorián de Amador, vecino de Tudela. Tudela, 12 de febrero de 1556 (AGN, Consejo Real, proceso 096444, fol. 54)

DOCUMENTO 11.3.

Pleito del fiscal contra María de San Juan sobre alcahuetería y lenocinio. Pamplona, 1577 (AGN, Corte Mayor, proceso 212153, fol. 1)

DOCUMENTO 11.4.

Manual para casados, publicado en 1628 por Ignacio de Andueza, sacerdote pamplonés de la parroquia de San Lorenzo. Pamplona, 1628 (BN, FA/7881)

....

DOCUMENTO 12.1.

Pleito del fiscal contra Micaela Cabrera, mujer de Manuel María Medrano, vecina de Lerín, sobre adhesión al sistema constitucional. 1823 (AGN, Corte Mayor, proceso 184399, fols. 2v-3r)

DOCUMENTO 12.2.

Carta dirigida a Joaquina Goldáraz, vecina de Zugarramudi, donde queda claramente de manifiesto su papel de enlace de la correspondencia carlista con

Francia a través de una red de muchachas de la zona. Bayona, 29 de mayo de 1834 (MC, INV CE 01243)

DOCUMENTO 12.3.

Carta de Pancracia Ollo, mujer del general Zumalacárregui, dando cuenta de las tropelías sufridas en Francia tras su forzado exilio. Bayona, 13 de septiembre de 1834 (AGN, Junta Gubernativa Carlista, Leg. 9, N. 24)

DOCUMENTO 12.4.

Detente bala. Siglo XIX (MC, CE00320, CE00321)

....

DOCUMENTO 13.1.

Préstamo de Joaquina Berria Lastape a Fermín Iriarte a partir del capital enviado por sus familiares desde Argentina. 1886 (AGN, Notaría de Burguete, Martín Miguel Erro, 1886, n. 109)

DOCUMENTO 13.2.

Formulario con las condiciones del viaje a Buenos Aires y menú para la pasajera Francisca Apecechea, vecina de Aranaz. 1857 (AGN, Notaría de Santesteban, Prot. José Antonio Meriotegui, 1857, n. 30)

DOCUMENTO 13.3.

José Joaquín Alduncin deja apoderada a Catalina Lasarte, su mujer, para administrar el caserío y otras fincas antes de viajar a Buenos Aires. 1873 (AGN, Notaría de Leiza, Prot. Vicente Lanz, 1873, n. 111)

DOCUMENTO 13.4.

Lista de pasajeros embarcados hacia La Plata por mediación de Juan Bautista Fort, miembro de una importante familia de comisionados o agentes reclutadores de emigrantes, afincada en Elizondo. 1890 (AGN, AP_FORT, Negocio, n. 8)

....

DOCUMENTO 14.1.

Registro de expedición de títulos de maestros y maestras. 1840-1850 (AGN, DFN, L.5596)

DOCUMENTO 14.2.

Programa de enseñanza de la Escuela Normal de Maestras de Navarra, creada por la Comisión Provincial de Instrucción Primaria e instalada el 31 de octubre de 1847. Pamplona, 1855 (BN, Cª 4/163)

DOCUMENTO 14.3.

Personal de los centros docentes de Navarra en la *Guía de Navarra 1921-1922: anuario administrativo, bancario, comercial, industrial, agrícola ... de la provincia.* Pamplona, 1922 (AGN, BIBLIOTECA, FBH/2034)

DOCUMENTO 14.4.

Folleto informativo del Colegio de Huarte Hermanos. Pamplona, 1885 (AGN, AP_HUARTE, Caj. 120)

DOCUMENTO 14.5.

Agradecimiento a Mercedes Huarte Callis de sus alumnas del aula de niñas del Colegio Huarte. Pamplona, segunda mitad del siglo XIX (FGN)

DOCUMENTO 14.6.

"La mujer en la sociedad actual". Conferencia de María Ana Sanz Huarte en el Colegio de Médicos de Pamplona. Pamplona, enero de 1922 (FGN)

DOCUMENTO 14.7.

Pluma de escritura y tintero. Siglo XIX (AGN, AP_IRAIZOZ ASTIZ)

....

DOCUMENTO 15.1.

Regulación de las funciones de las comadronas en la propuesta de ordenanzas del Colegio de Médicos, Cirujanos y Boticarios de Navarra. Pamplona, 1793 (AGN, AP_CFR.S_COSME,Caj.1,N.31, fols. 33v-34r)

DOCUMENTO 15.2.

Nómina de nodrizas por dar de lactar a niños expósitos de Navarra. Pamplona, 31 de diciembre de 1883 (AGN, BE_INCLUSA, Caj. 51)

DOCUMENTO 15.3.

Título de Dama Enfermera, emitido por la Asamblea Suprema de la Cruz Roja, a favor de Trinidad Garmendia. Madrid, 6 de julio de 1932 (AGN, AP_MARCO GARMENDIA)

DOCUMENTO 15.4.

Aderezos de joyas de nodriza. Siglo XIX (MEN-JCB, inv. 12.155, 12.156, 12.157, 12.161 y 12.162)

....

DOCUMENTO 16.1.

Reglamento de la Asociación de Margaritas de Navarra. Pamplona, 1919 (AGN, GCN, Caj. 48, N. 3, fols. 11-12)

DOCUMENTO 16.2.

Composición de la Asociación de Margaritas de Navarra. Pamplona, 9 de enero de 1930 (AGN, GCN, Caj. 48, N. 3, fol. 32r)

DOCUMENTO 16.3.

Composición de la Emakume Abertzale Batza de Estella. Estella, 16 de noviembre de 1931 (AGN, GCN, Caj. 18, N. 14, fol. 4r)

DOCUMENTO 16.3.

Actuación de Julia Álvarez, abogada, en el sumario instruido en la Audiencia Provincial de Navarra contra Ricardo Zabalza, su defendido, por injurias al jefe del Estado. 1933 (AGN, APN, 562/1933, fol. 8r)

13

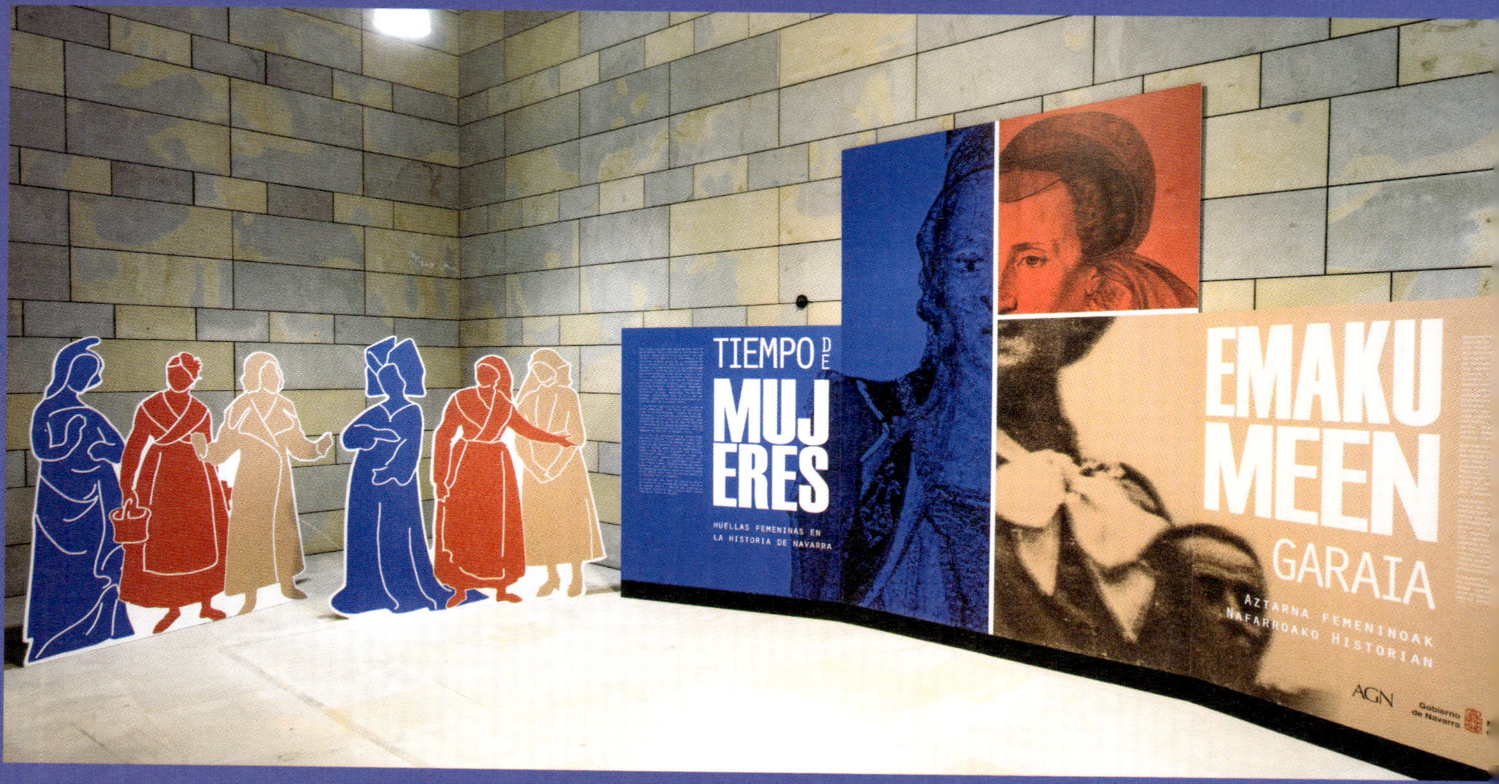

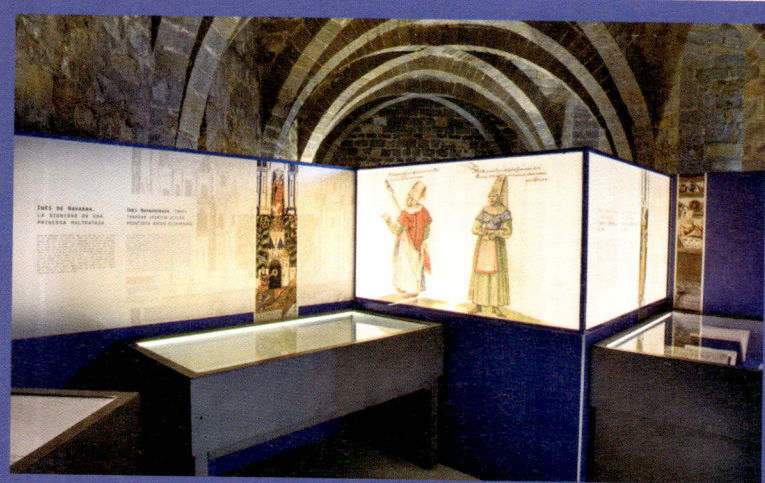

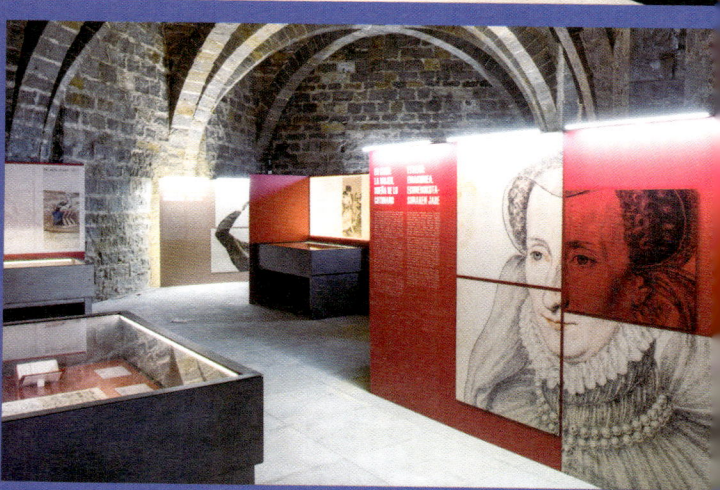

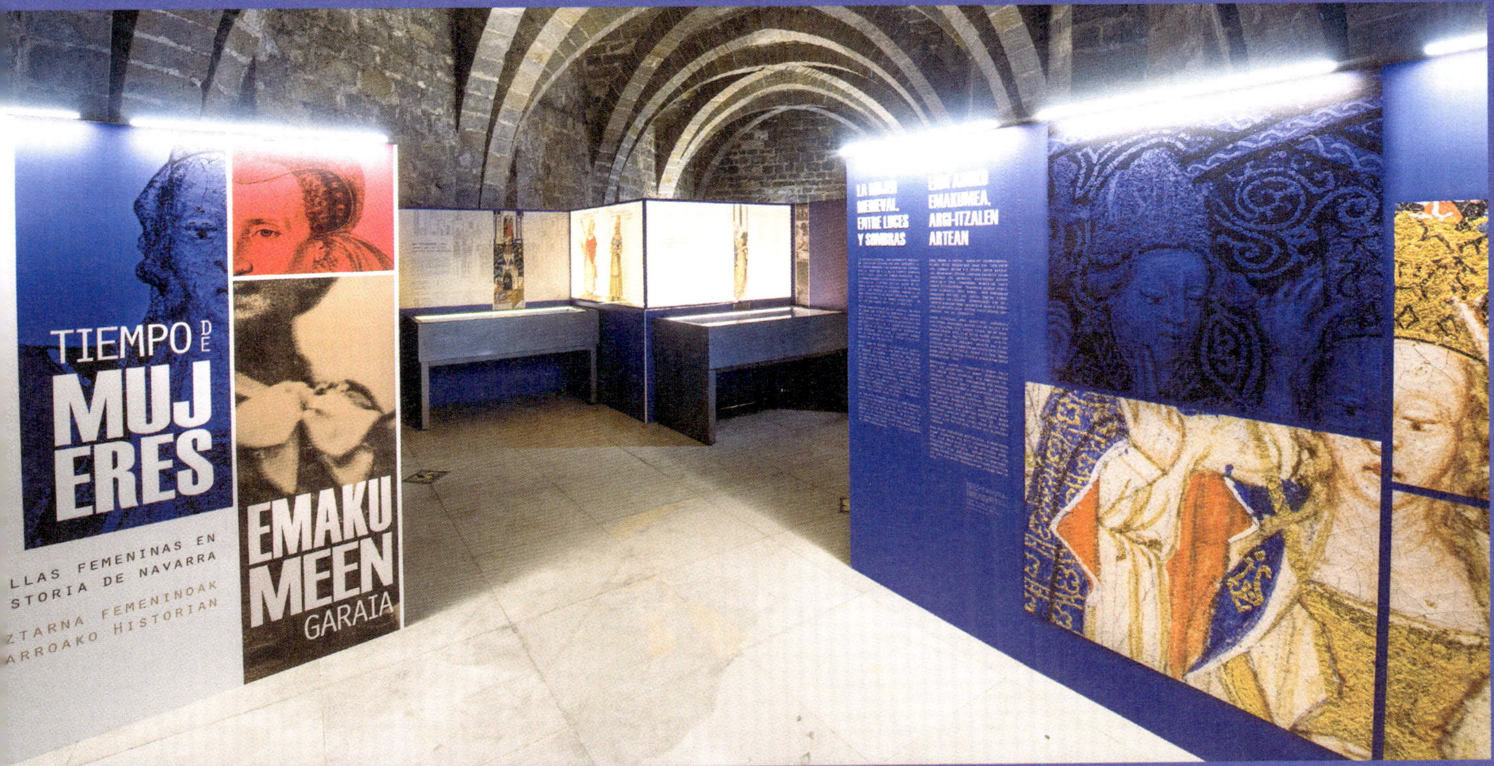

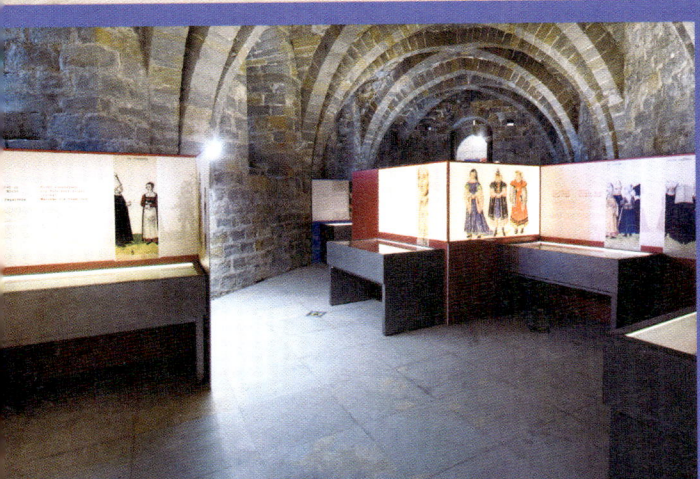

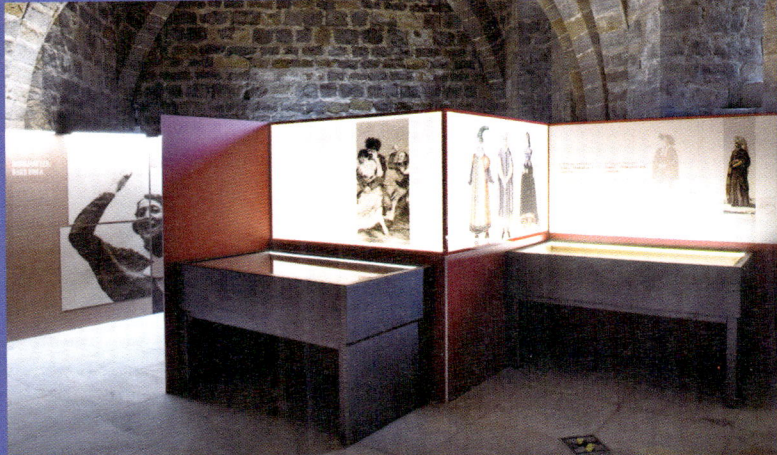

Exposición

"Tiempo de mujeres. Huellas femeninas en la historia de Navarra"

Pamplona, Archivo Real y General de Navarra
Sala de exposiciones "Sancho el Sabio"
(junio-octubre 2023)

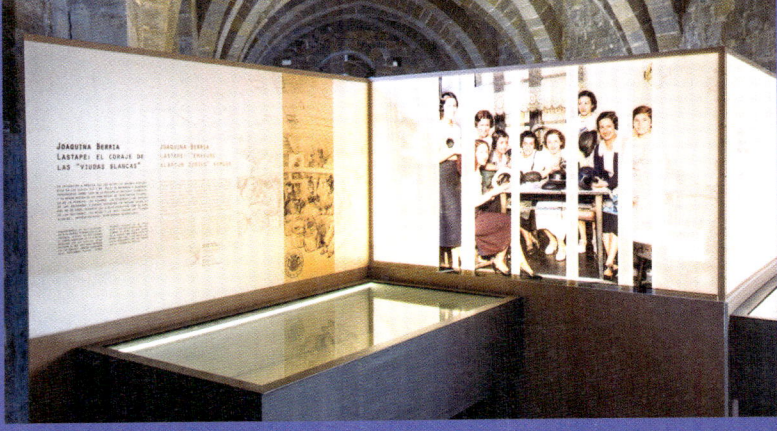

INTRODUCCIÓN

Esta exposición pretende guiar al visitante en un recorrido por la historia de las mujeres en Navarra. Aunque muchas de ellas nunca tuvieron acceso a la cultura escrita, sus nombres y sus historias dejaron huella en la documentación que se conserva en el Archivo Real y General de Navarra y en otros depósitos, y así hemos podido conocerlas. Estas mujeres pertenecieron a muy distintos grupos sociales, desde la familia real hasta el campesinado; vivieron en lugares, villas y ciudades repartidos por todo el territorio; hablaron diferentes lenguas; pertenecieron a distintas iglesias; fueron temidas, admiradas, perseguidas, amadas, ignoradas, añoradas, despreciadas, imitadas, marginadas, maltratadas, alabadas, manipuladas, pero, al igual que los hombres, fueron antes que nada protagonistas y constructoras de su propio tiempo.

El recorrido propuesto al visitante sigue un orden cronológico; parte desde la Edad Media, sigue en la Edad Moderna y termina en la Contemporánea, culminando con la primera experiencia democrática que trajo la II República. Esta perspectiva es la que mejor permite apreciar la evolución de la condición femenina, con sus avances y también con sus retrocesos, pues su andadura no describe un proceso lineal.

La historia de las mujeres en el pasado reúne una complejidad difícil de reducir a unos pocos ejemplos. La exposición exhibe algunas trayectorias que resultan significativas en cada momento; algunos casos resultan excepcionales, aunque otros dan voz a mujeres que vivieron existencias comunes y corrientes. Todas, en cualquier caso, dieron un paso al frente y defendieron sus ideas, sus propiedades, sus familias. Con el tiempo, fueron saliendo del ámbito doméstico, aquel que les era tan propio, para ir conquistando espacios hasta entonces vedados en un camino arduo hacia el reconocimiento de su igualdad ante los hombres.

La exposición, por tanto, no ofrece un relato ni exhaustivo ni cerrado del pasado; tan solo se propone aportar elementos que permitan al visitante reconocer que estos siglos fueron también un tiempo de mujeres.

SIGLOS XII-XV

LA MUJER MEDIEVAL, ENTRE LUCES Y SOMBRAS

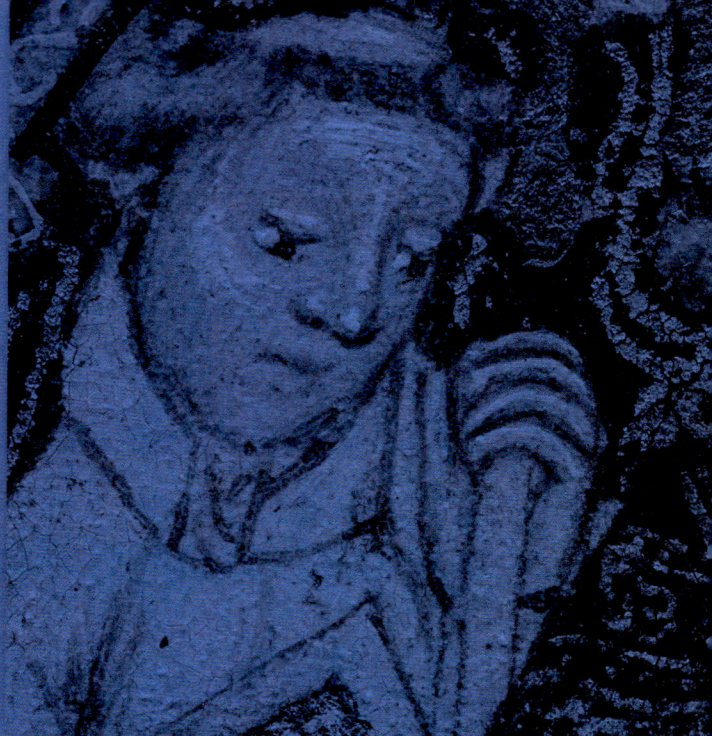

La sociedad medieval, dominantemente masculina, evolucionó durante mil años (476-1453) y, en ciertos momentos y en determinadas circunstancias, permitió a la mujer ejercer derechos y actividades fuera del ámbito doméstico, que le fueron negados en siglos posteriores. Aunque apartadas de la escena pública, donde se tomaban las decisiones de gobierno y se dictaban leyes, las féminas se hicieron presentes de modo ordinario en el mundo religioso, económico y cultural y, de forma excepcional, en la cima del poder político, la realeza.

Dueñas indiscutibles de sus hogares, mujeres de todos los estamentos buscaron y lograron parcelas de poder, que les permitieron influir en su entorno con sus formas de actuación y con sus prácticas de vida, y lograr reconocimiento. También se rebelaron ante la inferioridad que padecían, con hechos y palabras, aunque en la Edad Media su voz es tímida y poco documentada en los escritos.

En el caso de Navarra faltan fuentes literarias, y las narrativas son casi todas tardías y escasas en número y contenido. Por ello, la individualización de personajes femeninos se basa en las crónicas de otros reinos y en los documentos jurídicos (donaciones, compraventas, dotes, testamentos) y administrativos (cuentas, inventarios, censos y recuentos fiscales). Con esta información constatamos la capacidad de las nobles y las burguesas para gestionar intereses y posesiones, en definitiva, para disponer de sus vidas y haciendas, sobre todo cuando eran viudas.

La población femenina medieval, más numerosa y con mayor esperanza de vida que los varones, como en la actualidad, no es invisible hoy. La historia de las mentalidades, la historia de género y la reginalidad, corrientes de investigación desarrolladas desde hace medio siglo, las están devolviendo a la vida y otorgando su justo protagonismo.

Coronación de la reina, en el *Códice de la coronación, unción y exequias de los reyes de Inglaterra*.

Anónimo. Inglaterra, hacia 1395
AGN, CODICES, B.2, fol.19v

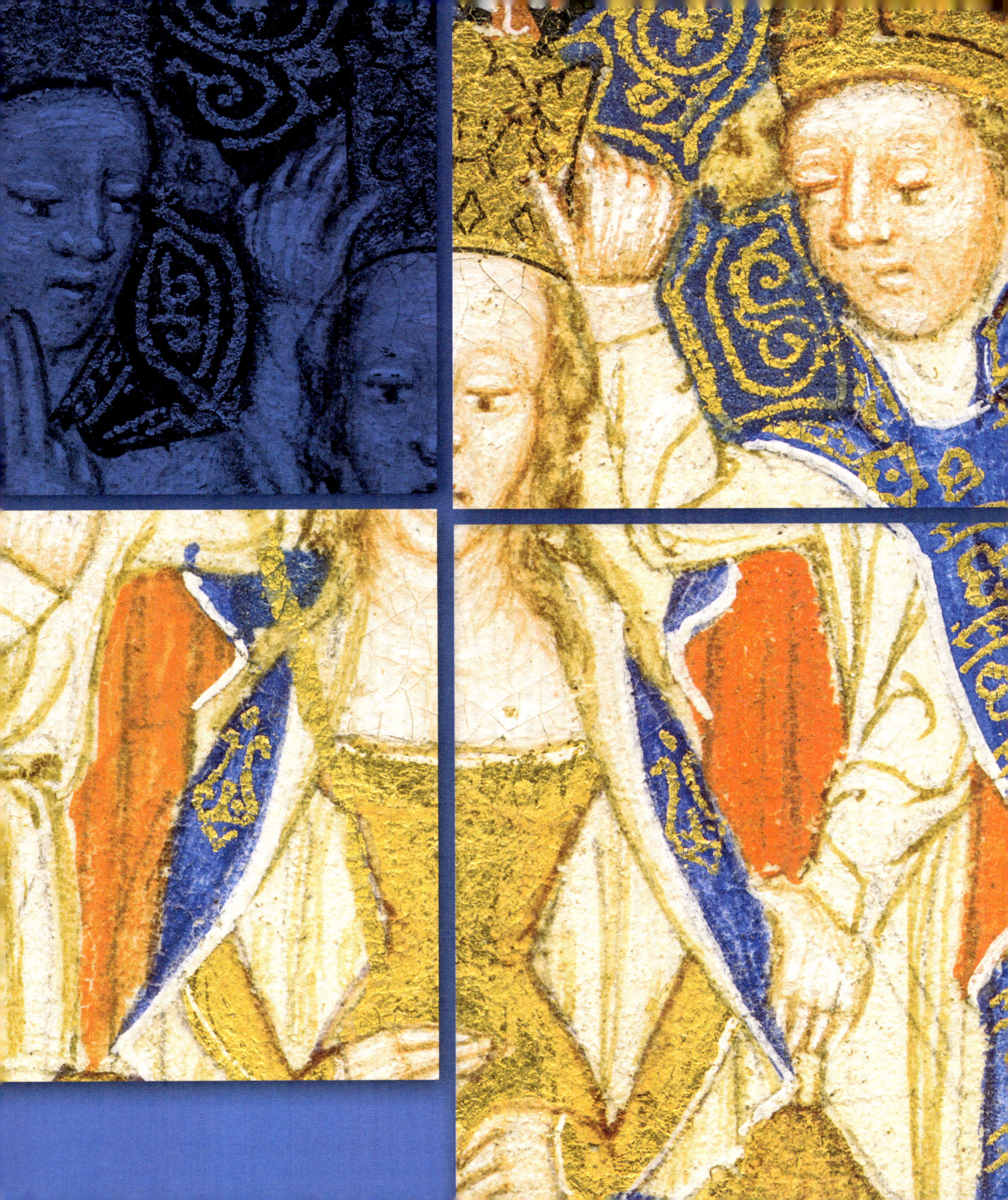

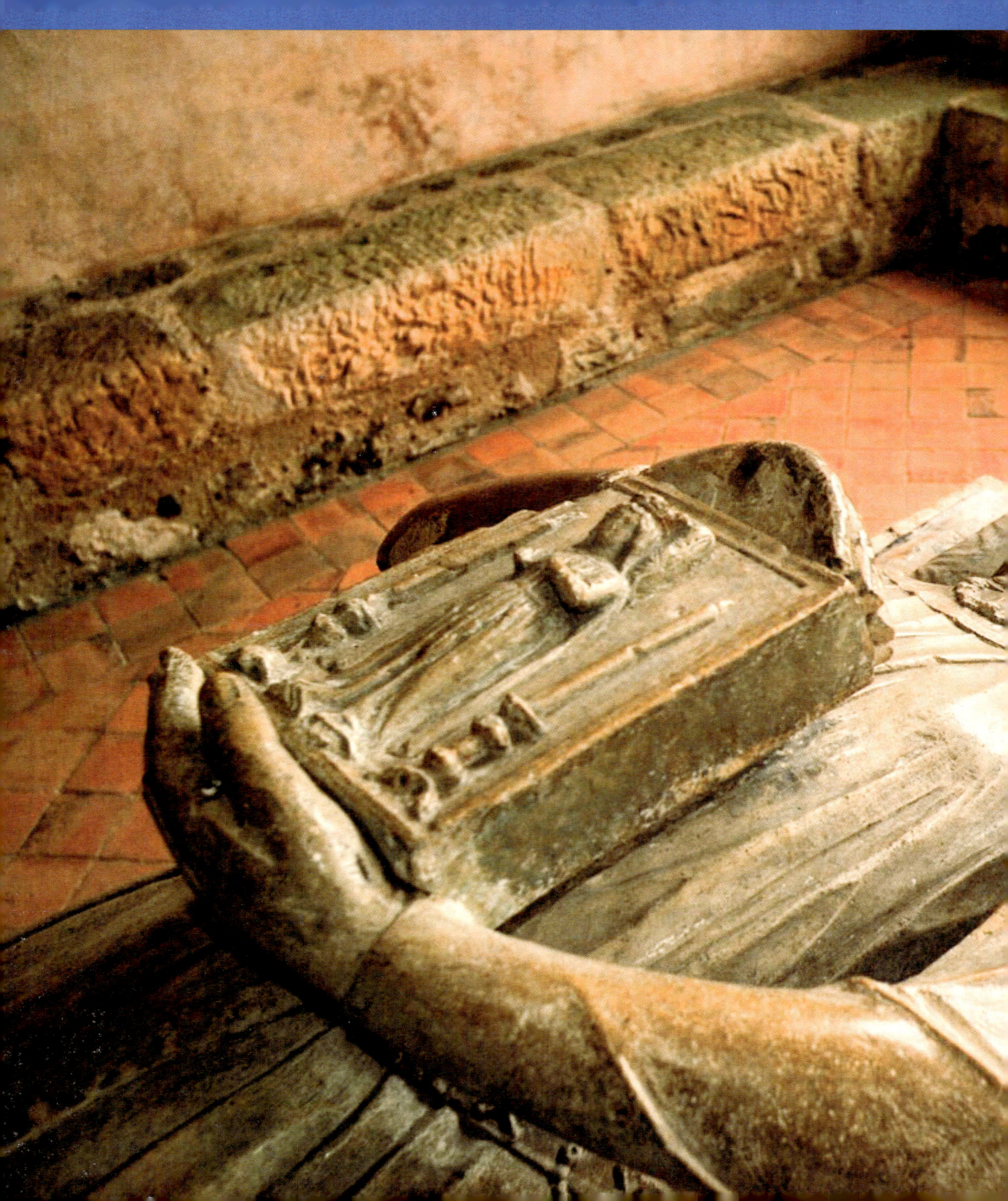

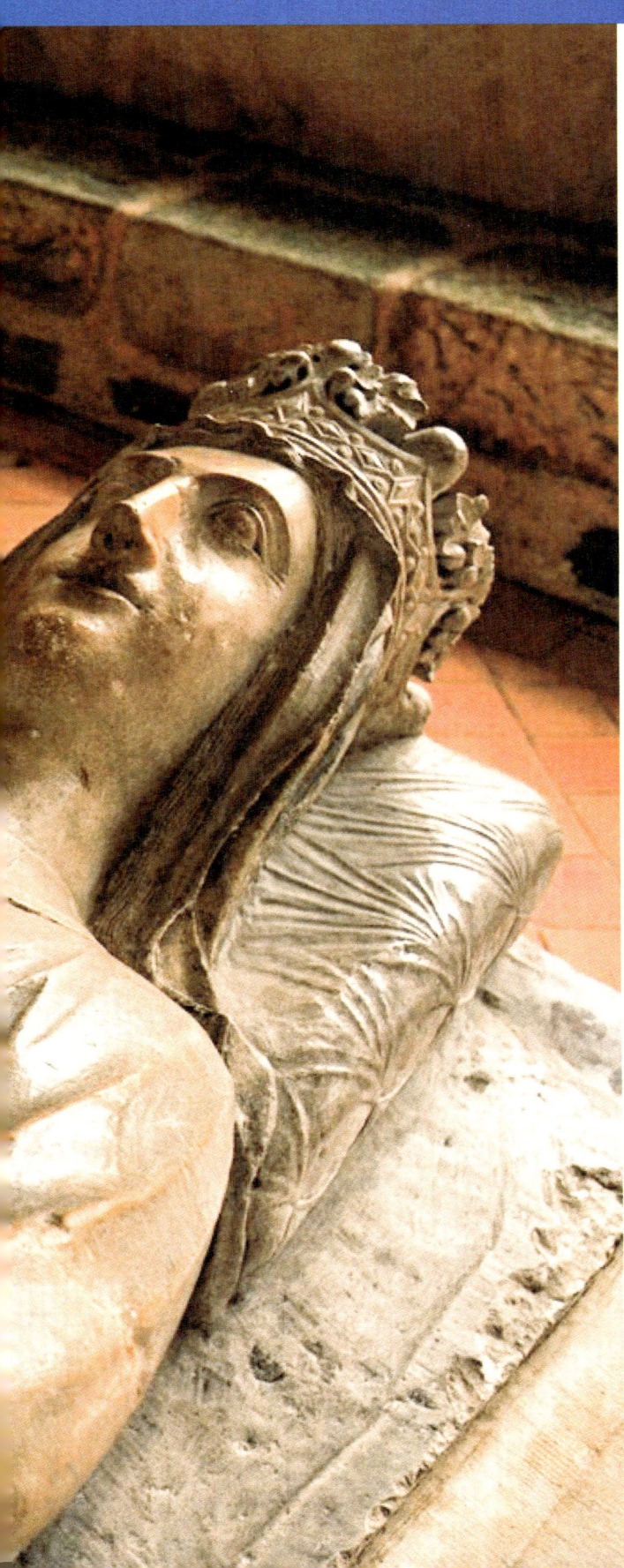

VIDAS DORADAS,
NO SIEMPRE FELICES

Reinas y princesas, las mujeres mejor documentadas, pueden ser biografiadas con cierto detalle. Comparten habilidades sociales, conciencia y orgullo de su linaje y sus derechos, determinación y espíritu de superación en el infortunio, cualidades necesarias para asumir, llegado el caso, un papel inesperado.

Berenguela de Navarra, Blanca de Artois e Inés de Navarra, damas de sangre real, fueron consortes que se casaron y vivieron lejos de su tierra, y al enviudar reclamaron con empeño las arras asignadas por sus maridos.

Dos fueron esposas infelices, abandonadas y sin hijos, que lucharon por su estatus y sus bienes, con el apoyo de los papas o de su familia. Todas eran instrumento de alianzas matrimoniales, al servicio de sus reinos natales y sus parientes varones. Tuvieron enemigos poderosos, pero en algún momento de sus vidas tomaron decisiones políticas o patrimoniales, eligieron a sus amistades, sus devociones y obras de caridad, y prepararon su memoria póstuma. En definitiva, lograron poder, autoridad moral y una representación honorable como mujeres y como reinas.

Imagen yacente de Berenguela de Navarra en su sepulcro en la abadía cisterciense de L'Épau, fundada por la reina.

Siglo XIII

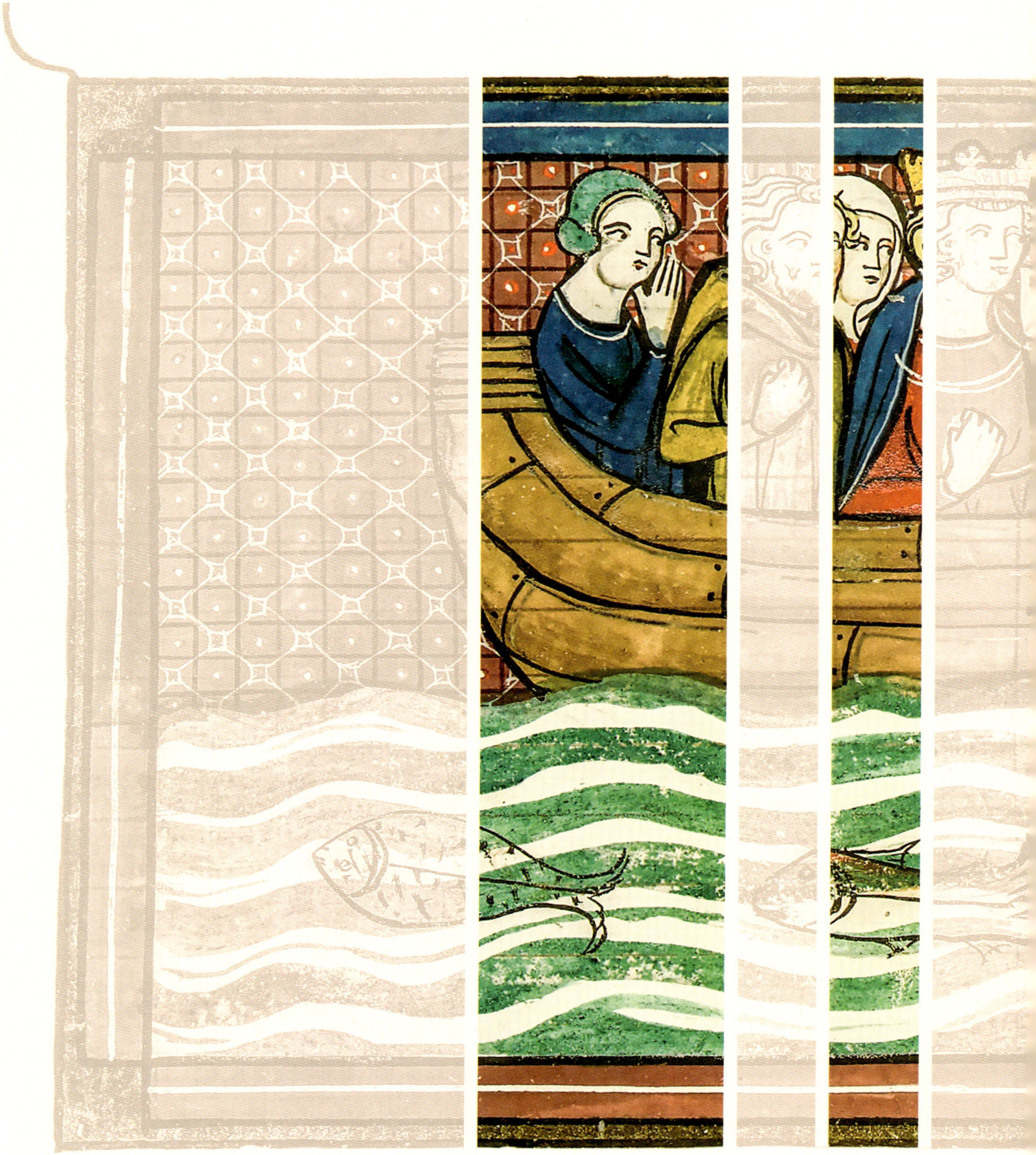

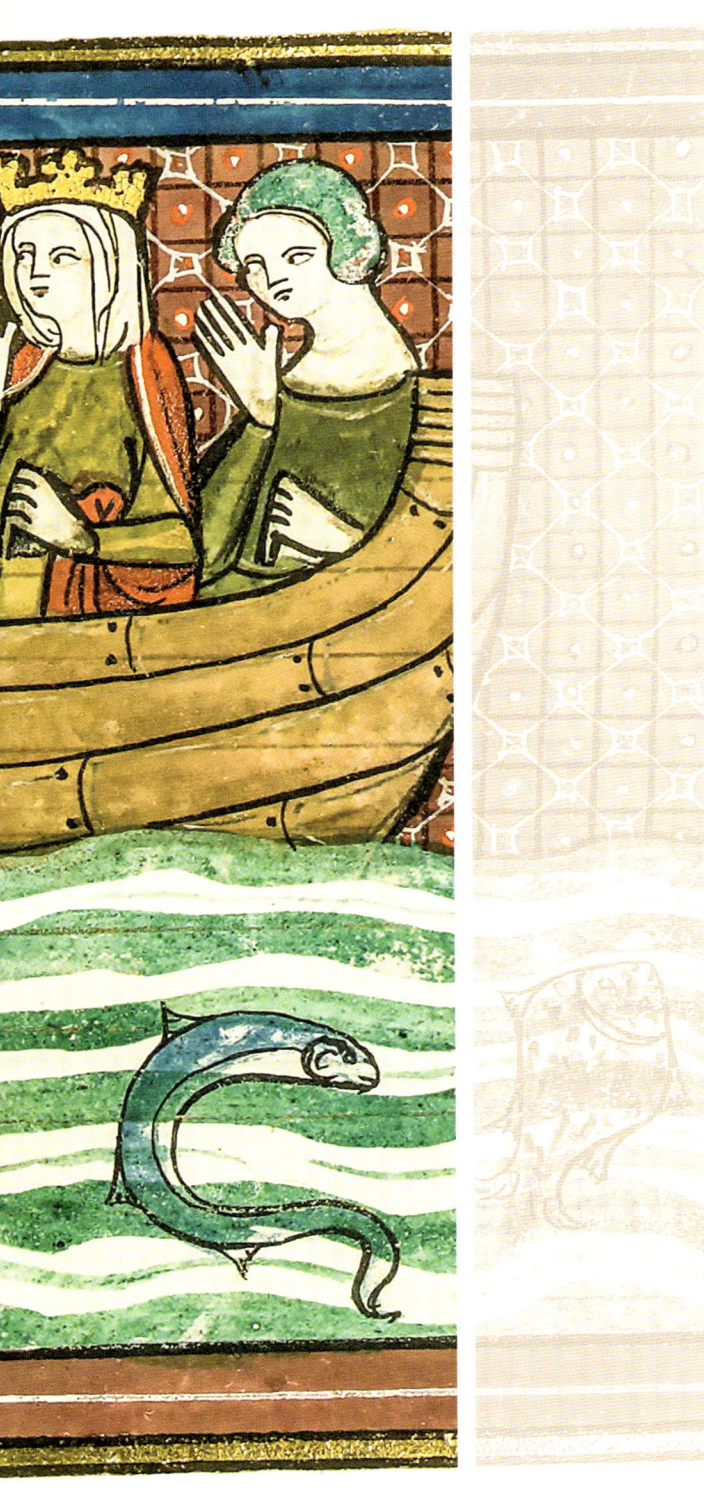

BERENGUELA DE NAVARRA, UNA VIDA INESPERADA

Berenguela de Navarra (1160-1230) fue hija de Sancho VI de Navarra y Sancha de Castilla. Se casó en 1191 con Ricardo I Corazón de León, rey de Inglaterra, aliado de su hermano Sancho en Aquitania. Hizo un azaroso viaje al encuentro de su prometido, con su suegra Leonor de Aquitania, y después con su cuñada Juana de Sicilia. Se casó en Chipre y acompañó a Ricardo a Palestina, durante la Tercera Cruzada (1191-1192). Al regreso, por separado de su marido, no convivió con él, no tuvo hijos y solo viajó a Inglaterra una vez. Viuda en 1199, reclamó sus arras (*douaire*) a su cuñado Juan de Inglaterra, con el apoyo del papa y de su hermana Blanca, condesa de Champaña. En 1204 obtuvo el señorío de Le Mans en Francia, donde vivió y fue enterrada, en la abadía de l'Épau, que había fundado en 1228.

23

Embarque de Ricardo Corazón de León, rey de Inglaterra, con su esposa Berenguela de Navarra, su hermana Juana de Inglaterra y la reina viuda de Chipre.

Richard de Montbaston, miniaturista.

París, 1337

Bibliothèque nationale de France, Département des Manuscrits, Français 22495

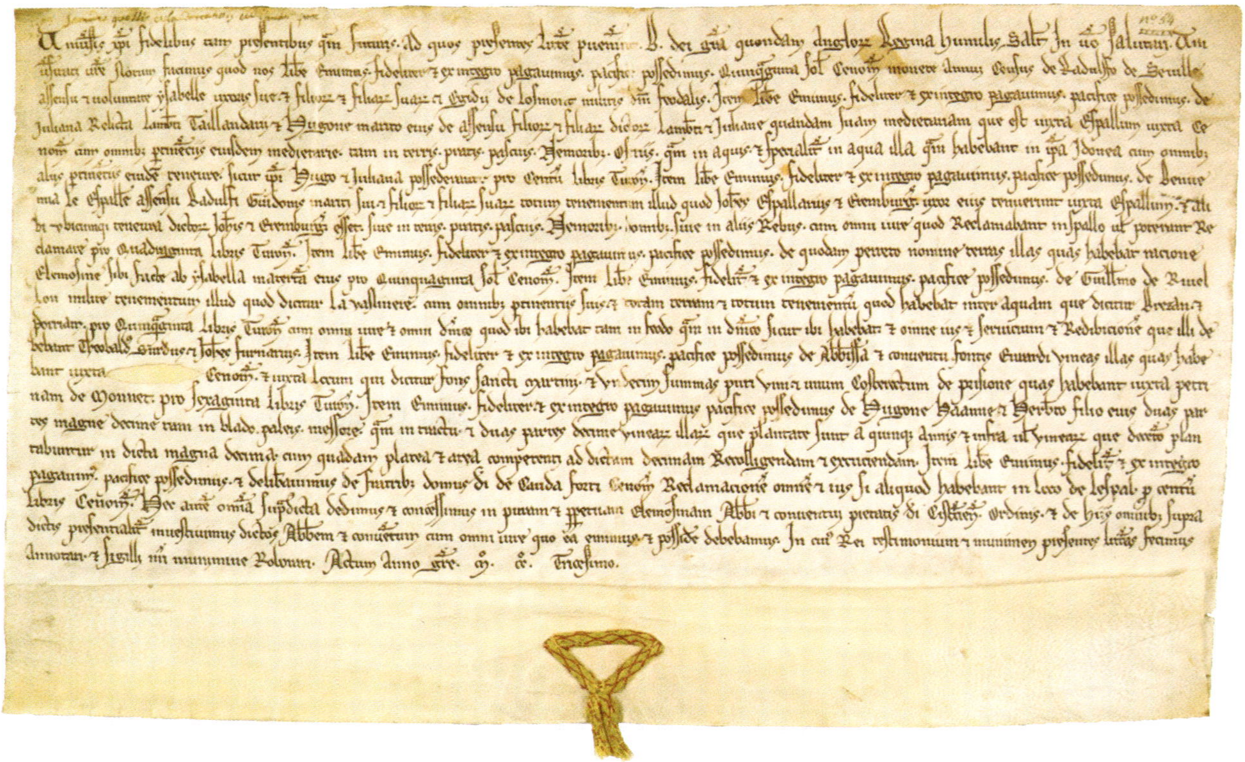

24

DOC. 1.1.

Berenguela de Navarra, reina viuda de Inglaterra, concede diversas rentas y tierras a la abadía cisterciense de L'Épau, fundada por la propia reina en Le Mans (Francia) en 1228.

1230

British Library, Add Ch 46402

DOC. 1.2.

Acta conjunta de Berenguela de Navarra, reina de Inglaterra, y Juana de Inglaterra, reina de Sicilia, para tomar a cargo una deuda de unos ciudadanos romanos.

Palacio de Letrán, Roma, 9 de abril de 1193

Archives Départementales de La Seine Maritime, 7 H 57

26

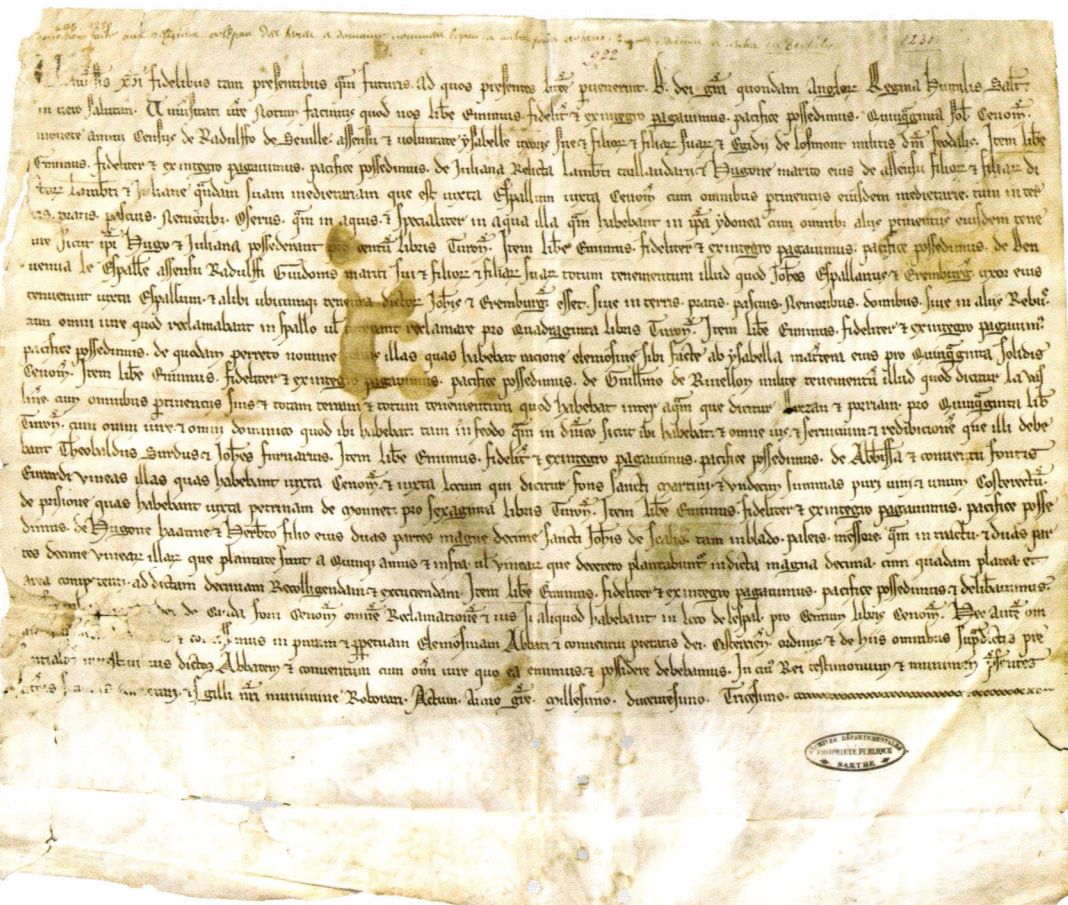

DOC. 1.3.

Berenguela de Navarra, reina viuda de Inglaterra, enumera varias
compras que ha realizado, que dona a la abadía de L'Epau.

Abril-mayo, 1230

Archives Départementales de La Sarthe, AD 72, H 833/3

DOC. 1.4.

Berenguela de Navarra, reina viuda de Inglaterra, nombra a Thiebaut
de Beaumont, burgués de Le Mans, representante de la abadía de
La Pitié-Dieu, y le exime de cualquier obligación fiscal.

Abril-mayo 1230

Archives Départementales de La Sarthe, AD 72, 111 AC 939

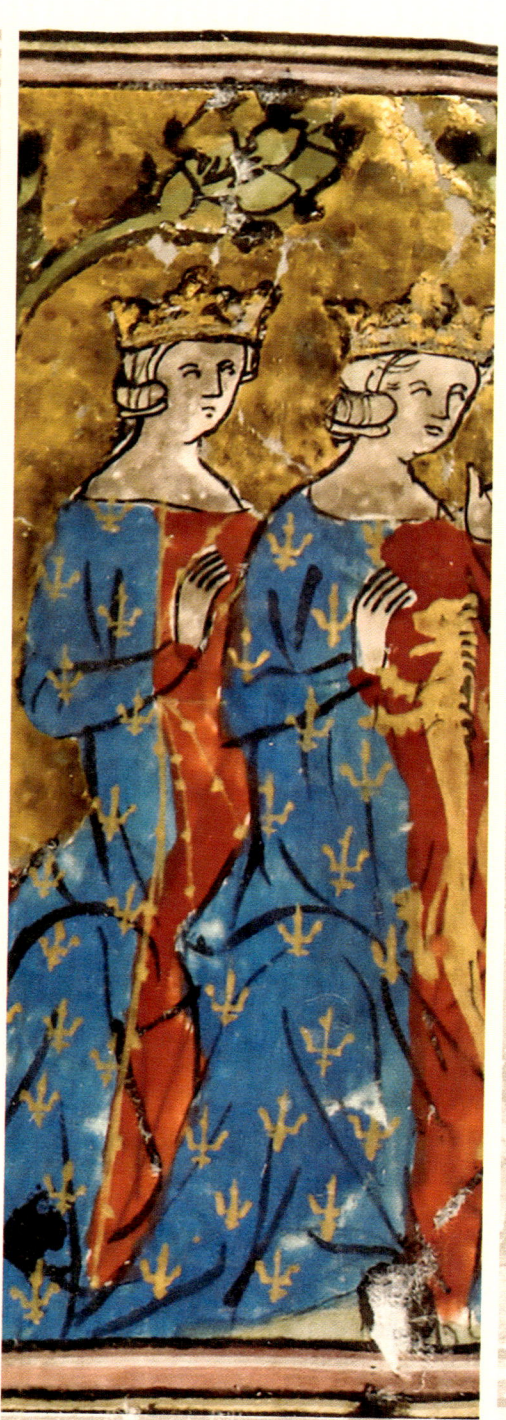
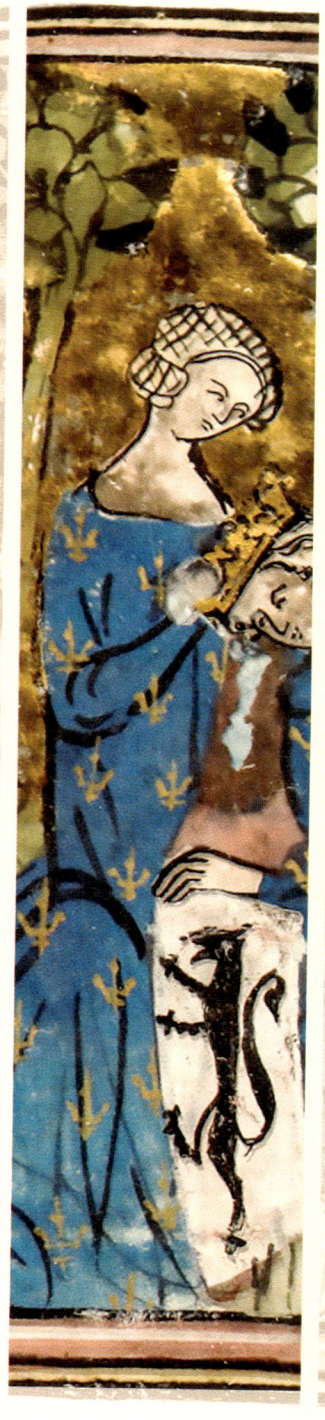

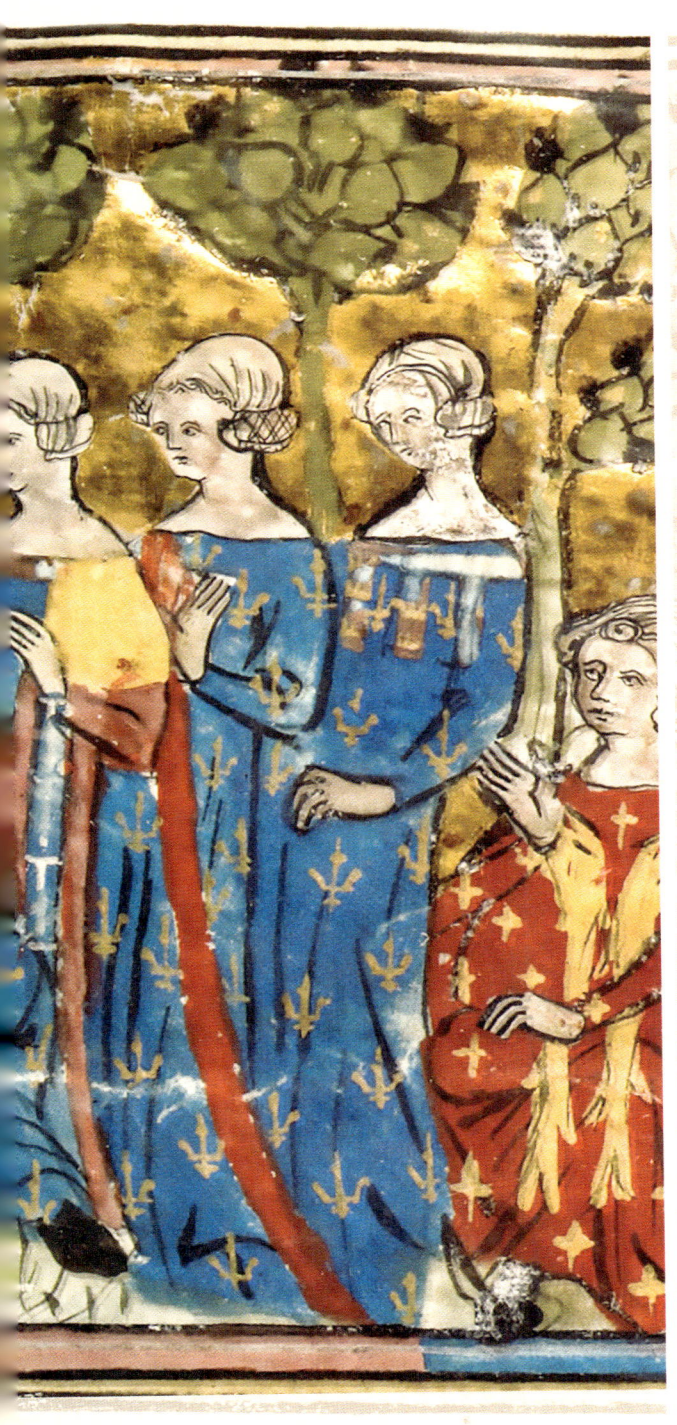

BLANCA DE ARTOIS, REINA ENTRE TRES REINOS

Blanca de Artois (1248-1302) era hija del conde Roberto I de Artois y sobrina de Luis IX de Francia. Se casó en 1269 con Enrique I, rey de Navarra y conde de Champaña (1270-1274). Cuando enviudó, marchó a Francia, y puso a su única hija, Juana, de año y medio, bajo la tutela del monarca francés, mientras ella ejercía la regencia de Champaña. La boda de Juana con Felipe IV de Francia unió Navarra con Francia en 1285. Se casó de nuevo (1276) con Edmundo de Lancaster, hijo del rey Enrique III de Inglaterra, con el que tuvo tres varones. El segundo, Enrique, dio lugar a la dinastía Lancaster, que gobernó Inglaterra entre 1399 y 1461. Blanca reclamó en Inglaterra las arras de Edmundo (1297-1298), pero vivió entre Champaña y París, donde fue enterrada en el convento de los franciscanos.

29

Las damas de la familia real de Francia y de Navarra consuelan al rey Felipe IV de Francia y I de Navarra.

Anónimo. París, fines del siglo XIII

Bibliothèque nationale de France, Département des Manuscrits, Français 1589

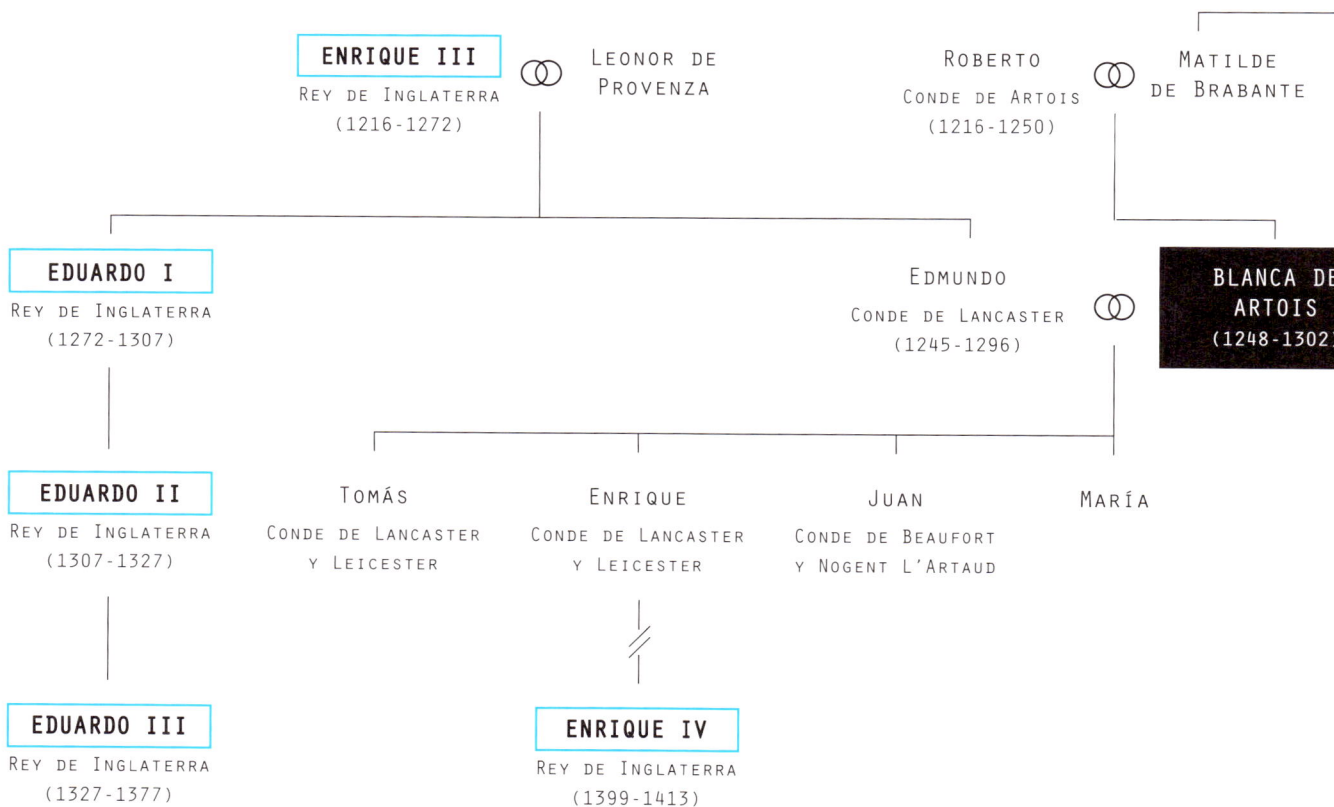

ENRIQUE III
REY DE INGLATERRA
(1216-1272)

LEONOR DE PROVENZA

ROBERTO
CONDE DE ARTOIS
(1216-1250)

MATILDE DE BRABANTE

EDUARDO I
REY DE INGLATERRA
(1272-1307)

EDMUNDO
CONDE DE LANCASTER
(1245-1296)

BLANCA DE ARTOIS
(1248-1302)

EDUARDO II
REY DE INGLATERRA
(1307-1327)

TOMÁS
CONDE DE LANCASTER
Y LEICESTER

ENRIQUE
CONDE DE LANCASTER
Y LEICESTER

JUAN
CONDE DE BEAUFORT
Y NOGENT L'ARTAUD

MARÍA

EDUARDO III
REY DE INGLATERRA
(1327-1377)

ENRIQUE IV
REY DE INGLATERRA
(1399-1413)

GENEALOGÍA FAMILIAR DE BLANCA DE ARTOIS,
ENTRONQUE DE LAS CASAS REALES DE NAVARRA,
FRANCIA E INGLATERRA.

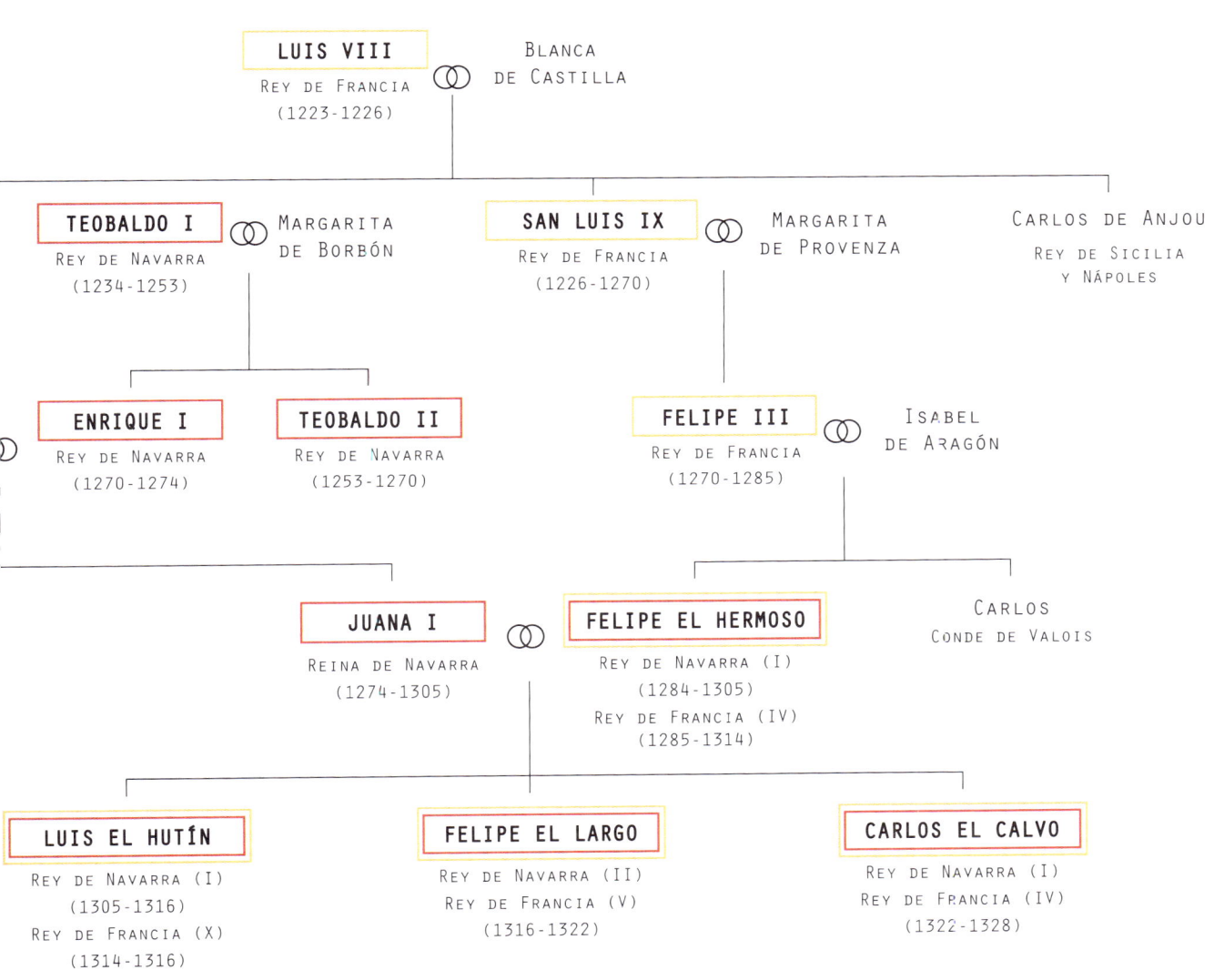

LUIS VIII
REY DE FRANCIA
(1223-1226)

BLANCA DE CASTILLA

TEOBALDO I
REY DE NAVARRA
(1234-1253)

MARGARITA DE BORBÓN

SAN LUIS IX
REY DE FRANCIA
(1226-1270)

MARGARITA DE PROVENZA

CARLOS DE ANJOU
REY DE SICILIA Y NÁPOLES

ENRIQUE I
REY DE NAVARRA
(1270-1274)

TEOBALDO II
REY DE NAVARRA
(1253-1270)

FELIPE III
REY DE FRANCIA
(1270-1285)

ISABEL DE ARAGÓN

JUANA I
REINA DE NAVARRA
(1274-1305)

FELIPE EL HERMOSO
REY DE NAVARRA (I)
(1284-1305)
REY DE FRANCIA (IV)
(1285-1314)

CARLOS CONDE DE VALOIS

LUIS EL HUTÍN
REY DE NAVARRA (I)
(1305-1316)
REY DE FRANCIA (X)
(1314-1316)

FELIPE EL LARGO
REY DE NAVARRA (II)
REY DE FRANCIA (V)
(1316-1322)

CARLOS EL CALVO
REY DE NAVARRA (I)
REY DE FRANCIA (IV)
(1322-1328)

32

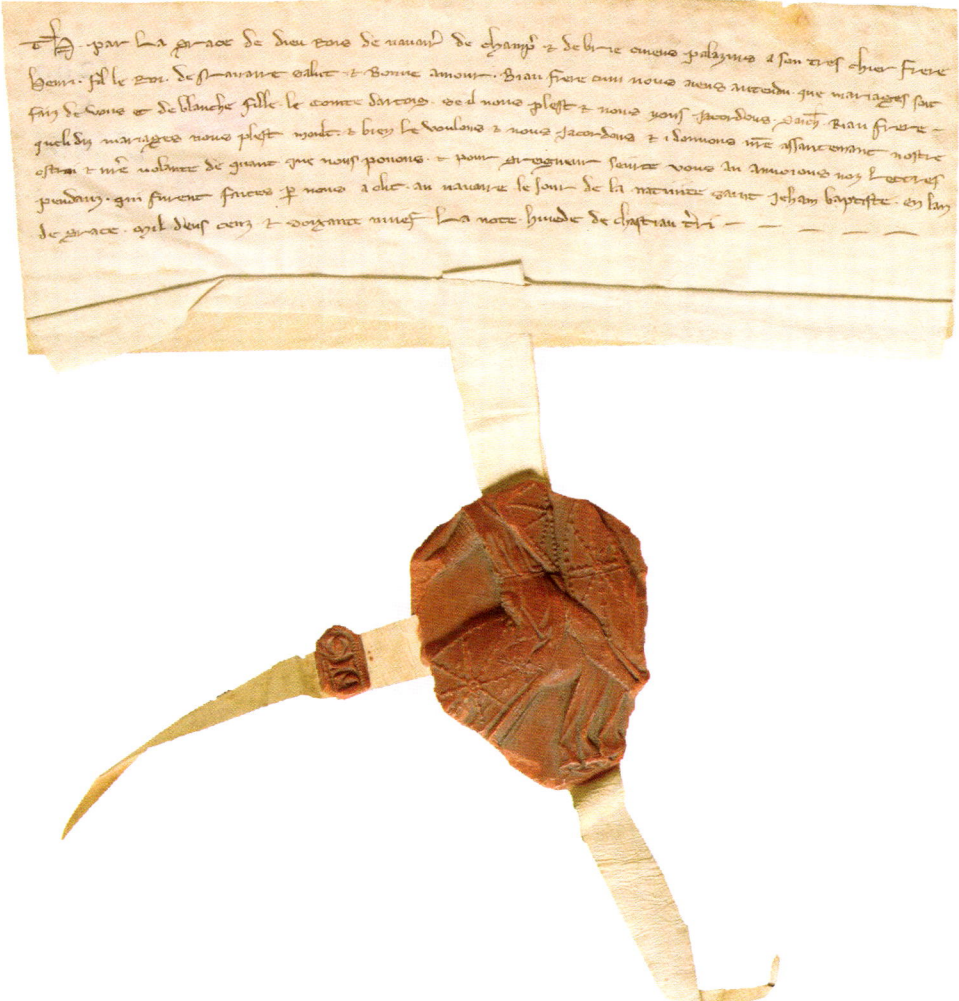

DOC. 2.1.

Consentimiento de Teobaldo II, rey de Navarra, conde de Champaña y Brie, para la boda de su hermano Enrique con Blanca de Artois.

Olite, 24 de junio de 1269

ANF, J. 613, n. 5

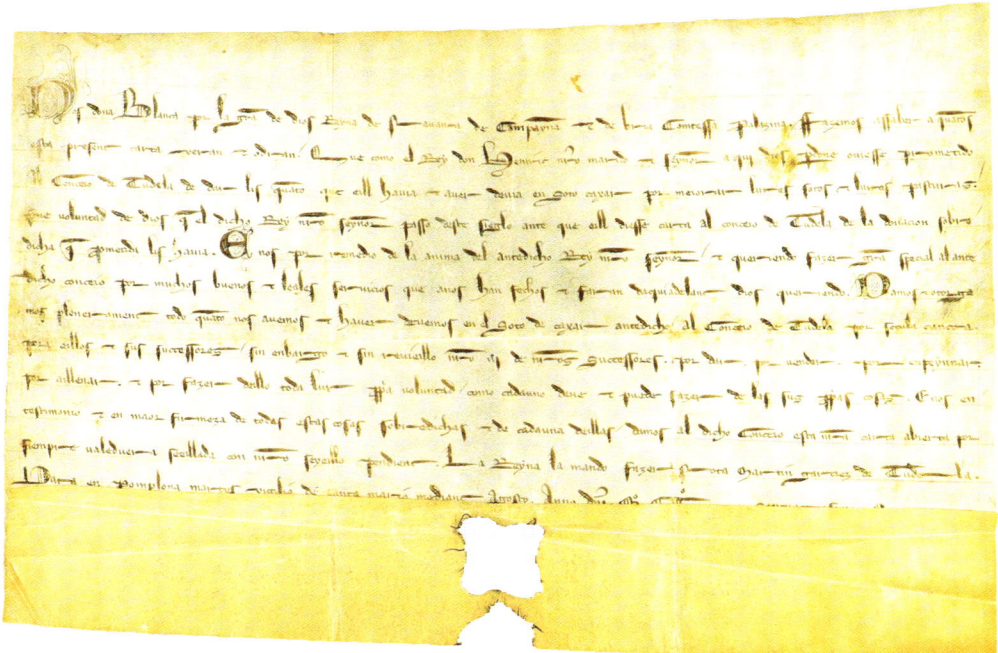

DOC. 2.2.

Blanca de Artois, viuda del rey Enrique I de Navarra, ordena la cesión del soto Cajal al concejo de Tudela.

Pamplona, 14 de agosto de 1274

AMT, PR_027

34

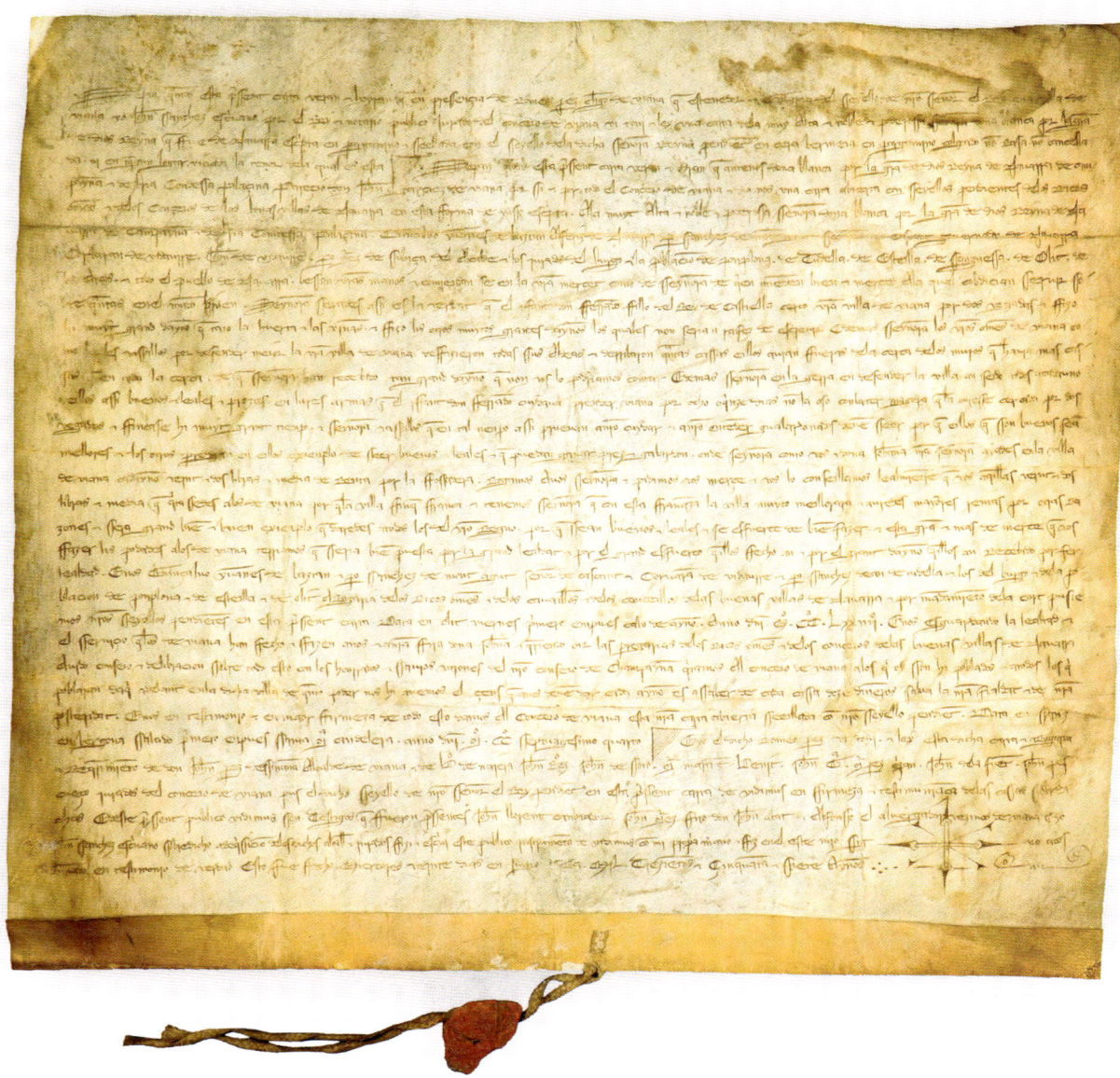

DOC. 2.3.

Blanca de Artois, viuda del rey Enrique I de Navarra,
recompensa la defensa de los vecinos de Viana frente
a los castellanos y les exime del pago de la fonsadera.

9 de febrero de 1275 (vidimus de 1319)

AGN, CO_DOCS., Caj. 3, N. 74

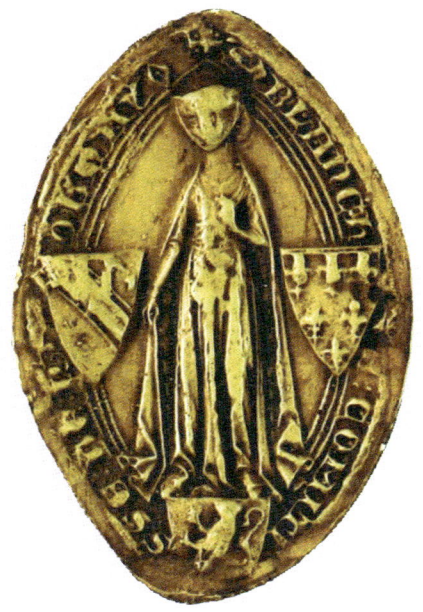

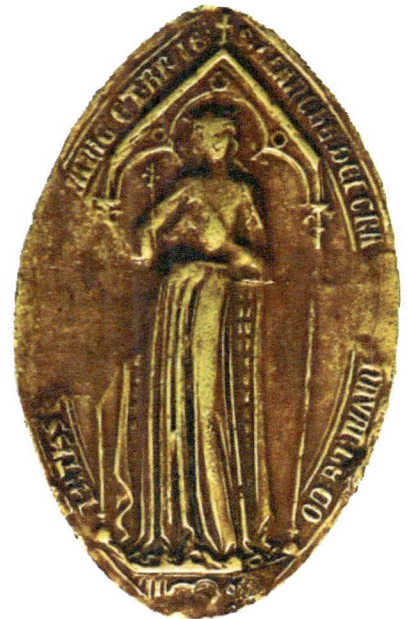

DOC. 2.4.

Sello de Blanca de Artois.

Vaciado en yeso del siglo XX de un sello de Blanca de
Artois de 1269

AGN, SIGILOGRAFIA_3, D588

DOC. 2.5.

Sello de Blanca de Artois, reina viuda de Navarra.

Vaciado en yeso del siglo XX de un sello de Blanca
de Artois de 1275

AGN, SIGILOGRAFIA_3, D11380

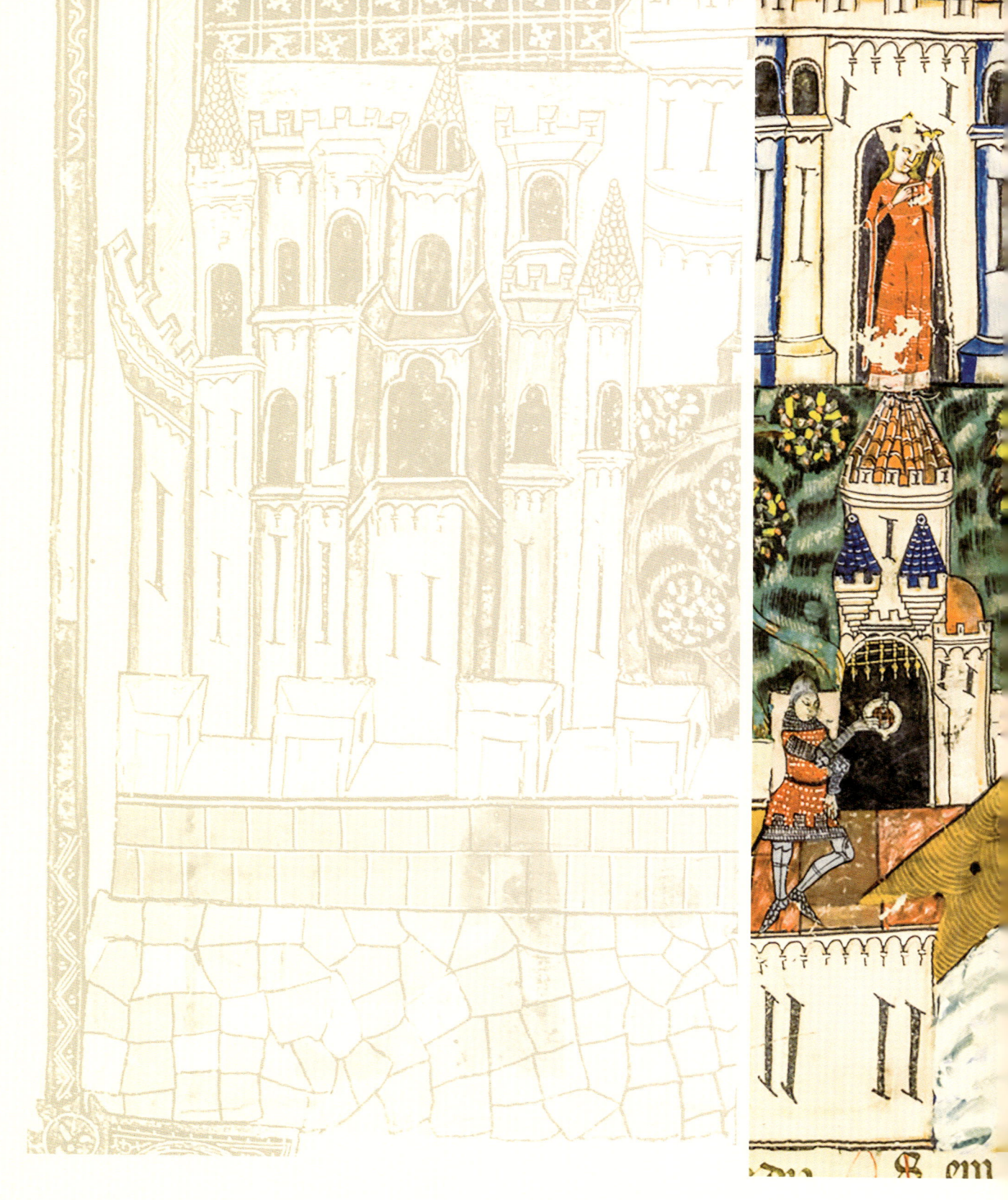

INÉS DE NAVARRA, LA DIGNIDAD DE UNA PRINCESA MALTRATADA

Inés de Navarra (1337-1397) era hija de Felipe III y Juana II de Navarra. Se casó en 1349 con Gastón III "Febus", conde de Foix y vizconde de Bearne, aliado de su hermano Carlos II. En 1362, nada más nacer su único hijo, fue expulsada con violencia de la corte de Orthez, sin dinero ni ajuar, so pretexto de que no se había pagado su dote. Carlos II la acogió y mantuvo en Navarra, donde fue amiga fiel de la reina Juana de Valois, y dispuso de un hostal propio desde 1376. Sólo vio a su hijo dos veces, antes de que su padre lo acusara de traición y lo matara en 1380. Al morir su marido (1391), reclamó y obtuvo sus bienes usurpados pero siguió protegida por Carlos III, viviendo entre Estella, Olite y Pamplona, en cuya catedral había ordenado enterrarse en 1379.

Gastón Febo llamando a la puerta del palacio de la Sabiduría, representada como una dama, en un manuscrito que heredaron los sucesivos condes de Foix, posteriormente reyes de Navarra.

Anónimo. París, Hacia 1350

Bibliothèque Sainte-Geneviève - Université Paris 3 Sorbonne Nouvelle, Ms. 1029

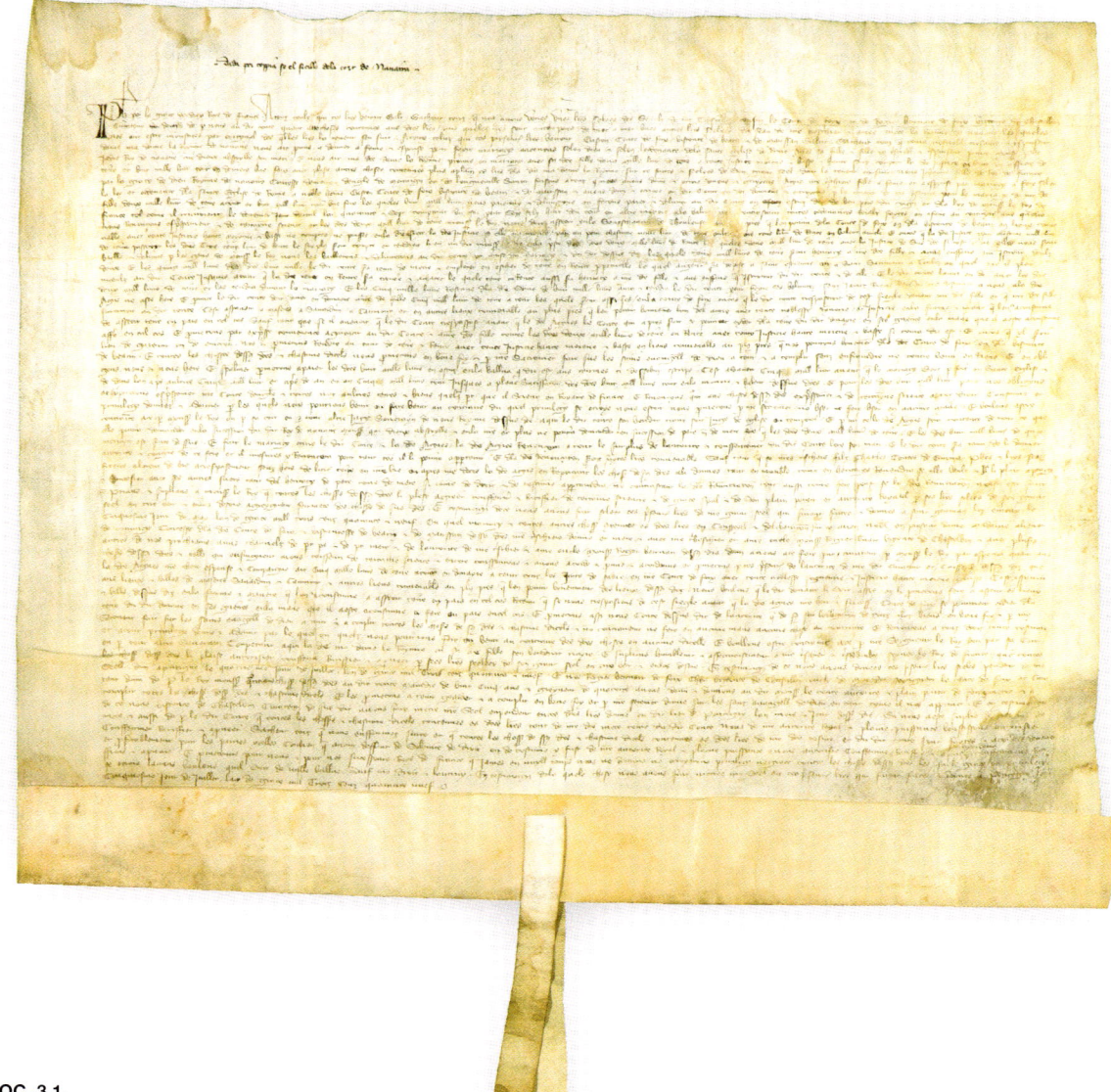

DOC. 3.1.

Carta de Felipe VI, rey de Francia, confirmando lo acordado entre Leonor de Comminges, condesa de Foix, y Juana II, reina de Navarra, para el matrimonio entre Gastón Febo, conde de Foix, e Inés de Navarra.

Saint Germain les Evreux, 5 de mayo de 1349

AGN, CO_DOCS., Caj. 9, N. 120

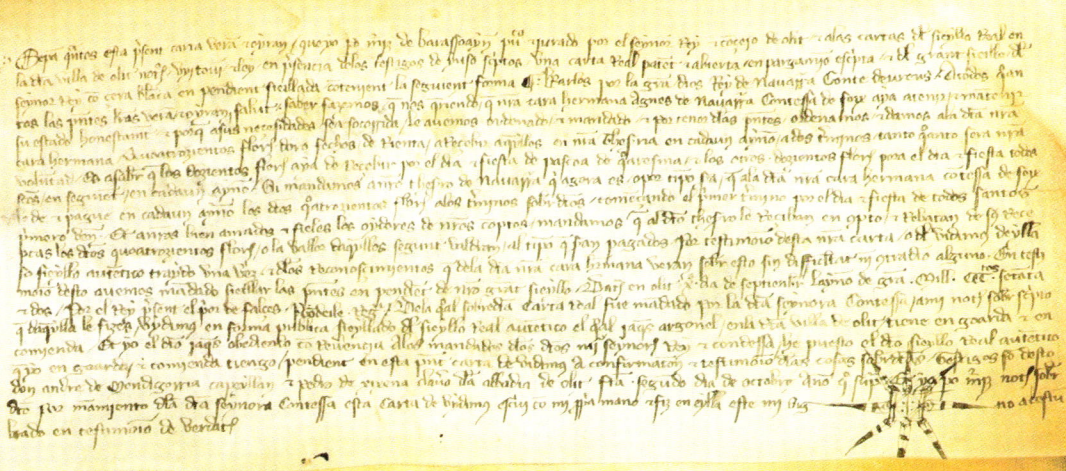

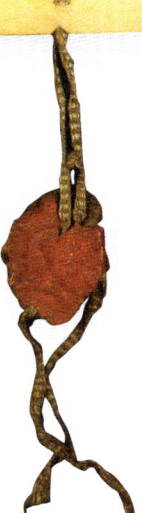

DOC. 3.2.

Concesión de Carlos II, rey de Navarra, a su hermana
Ines de Navarra, condesa de Foix, de 400 florines de oro
de renta anual, para mantener honestamente su estado.

Olite, 10 de septiembre de 1372

(copia certificada: Olite, 2 de octubre de 1372)

AGN, CO_DOCS., Caj. 27, N. 54,2

40

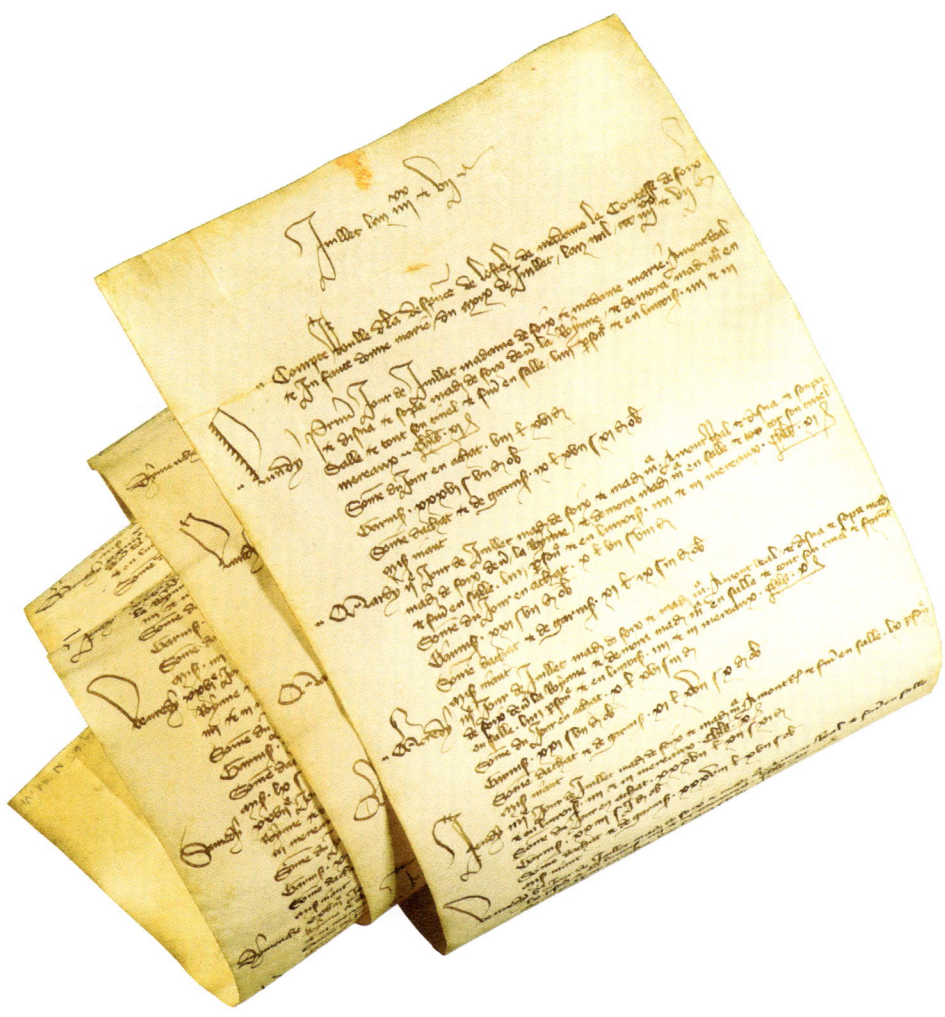

DOC. 3.3.

Cuentas del hostal de la infanta Inés de
Navarra, condesa de Foix, hija del rey Felipe III.

Julio 1387

AGN, CO_DOCS., Caj. 65, N. 11,6

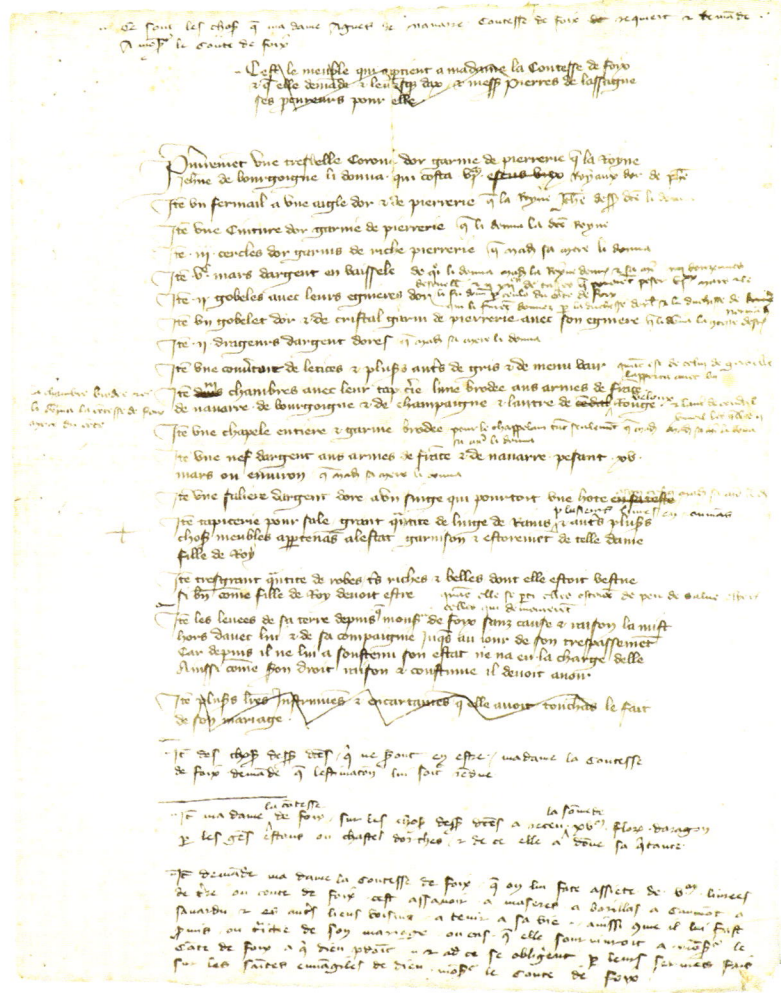

DOC. 3.4.

Inventario de los bienes reclamados por Inés de Foix
al conde de Foix.

Pamplona, 1391

AGN, CO_DOCS., Caj. 173, N. 23

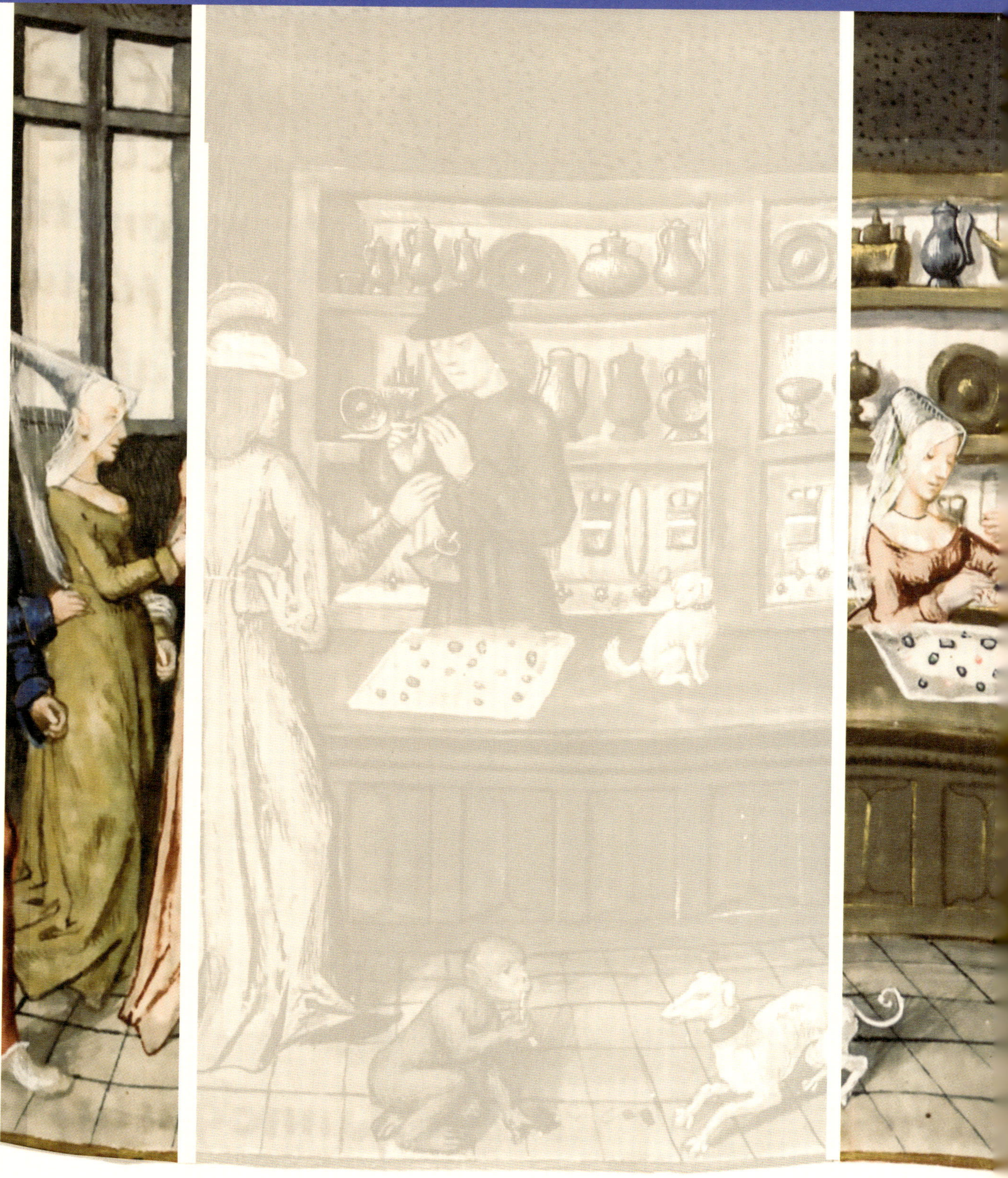

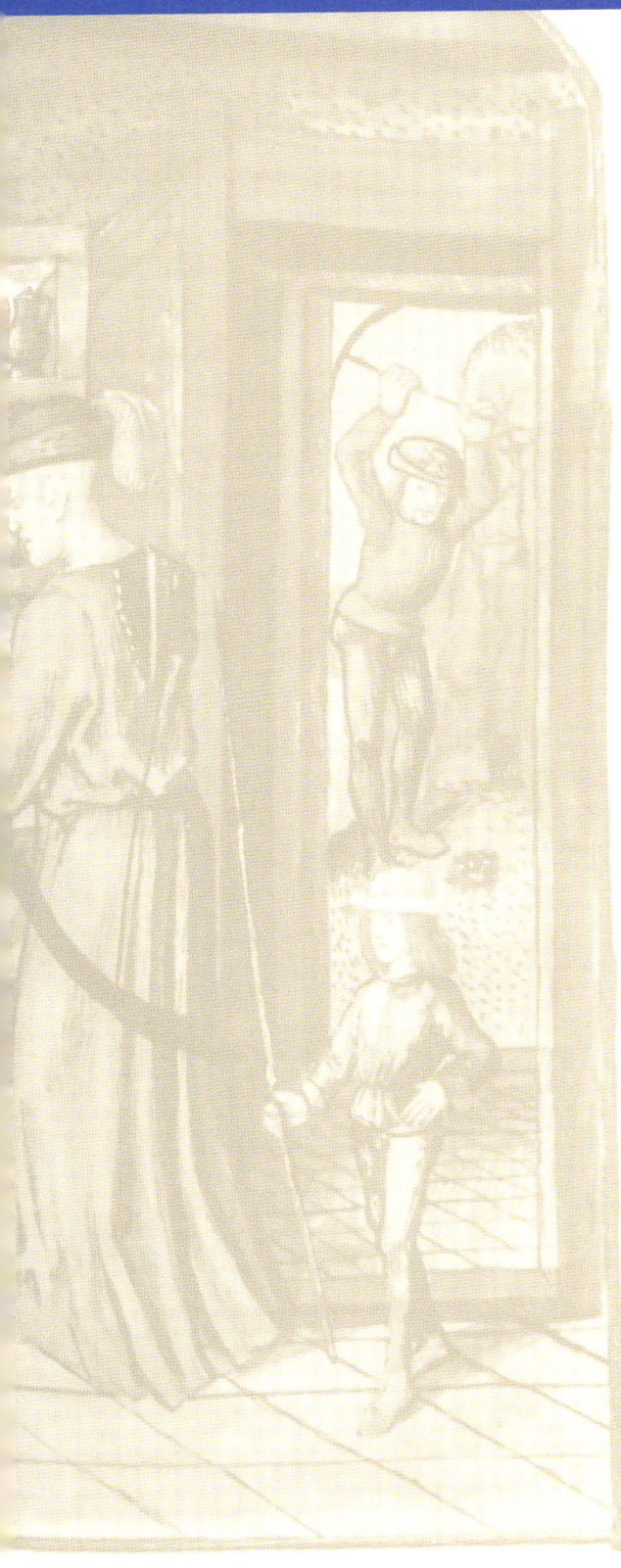

TRES CIUDADANAS RICAS Y EMPRENDEDORAS: FLANDINA, BERNARDA Y JULIANA

Las mujeres jugaron un papel fundamental en la consolidación de poblaciones urbanas durante la Edad Media. En los siglos XIII y XIV existieron en Olite varias familias cuyo apellido aludía a una matriarca original, de la que posiblemente partían sus derechos de vecindad y su riqueza. Linajes burgueses como los de la Chandra (etxekoandrea), de Felicia, de Emilia, de Elvira, de Eva, etc., se contaban entre las fortunas más destacadas de la villa y, además, sus miembros ocupaban con frecuencia puestos de relevancia en la administración real, municipal o en la Iglesia.

Mujeres como Bernarda de Pimbo (Tudela, s. XIV) o Flandina Cruzat (San Cernin, s. XIV) tomaron plena consciencia de su condición patricia y participaron de las actividades más características de las élites urbanas. Flandina Cruzat pertenecía a uno de los linajes más poderosos de Pamplona y no solo sufragaba obras artísticas y de caridad sino que era la titular de cuantiosos bienes inmuebles e incluso de una compañía mercantil. También en este sentido destacó doña Juliana, quien se encontraba entre los diez mercaderes más activos, según el peaje de Lecumberri de 1363.

Mercaderes de piedras preciosas.

Maître du Boèce Flamand.

Gante (Bélgica) hacia 1480

Bibliothèque nationale de France, Département des Manuscrits, Français 9136

44

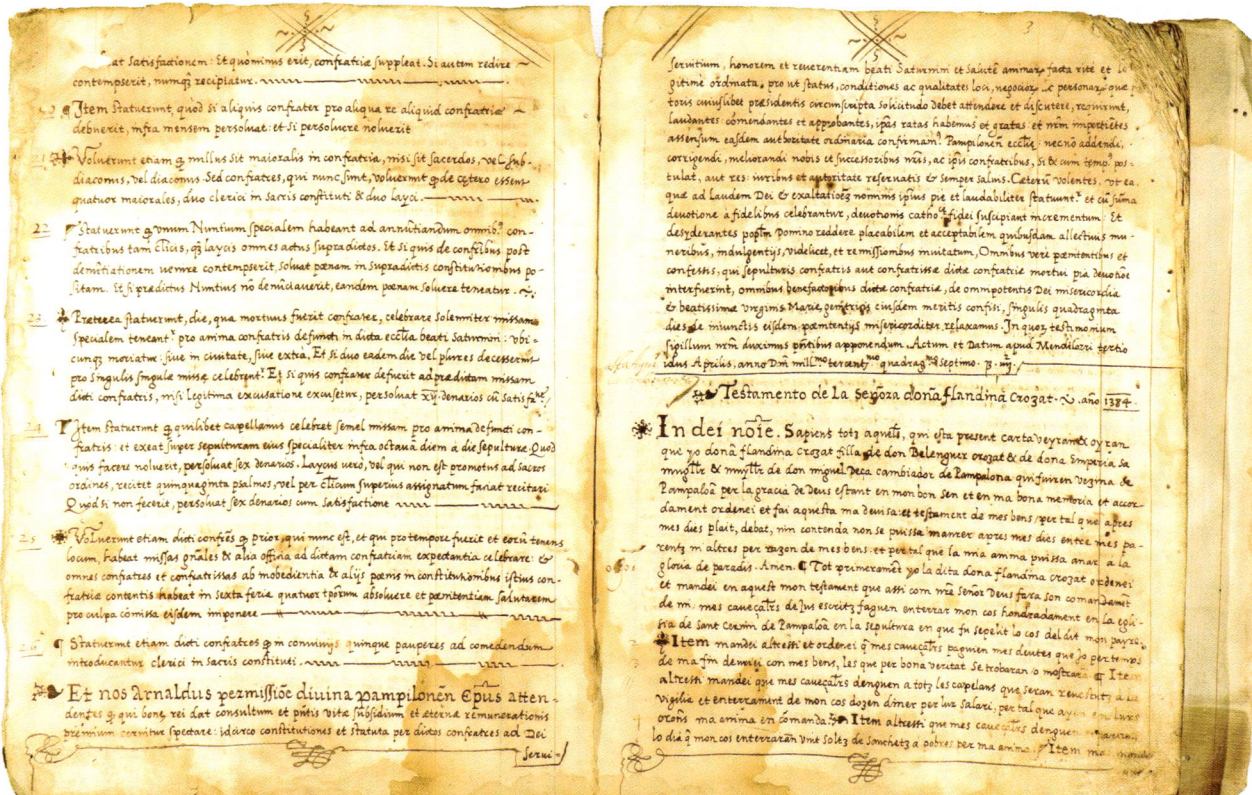

DOC. 4.1.

Testamento de Flandina Cruzat, burguesa de San Cernin de Pamplona.

Pamplona, 26 de diciembre de 1343

(copia del 13 de enero de 1535)

Archivo de la Parroquia de San Saturnino, doc. n. 357, fol. 6r.
Actualmente en Archivo Diocesano de Pamplona.

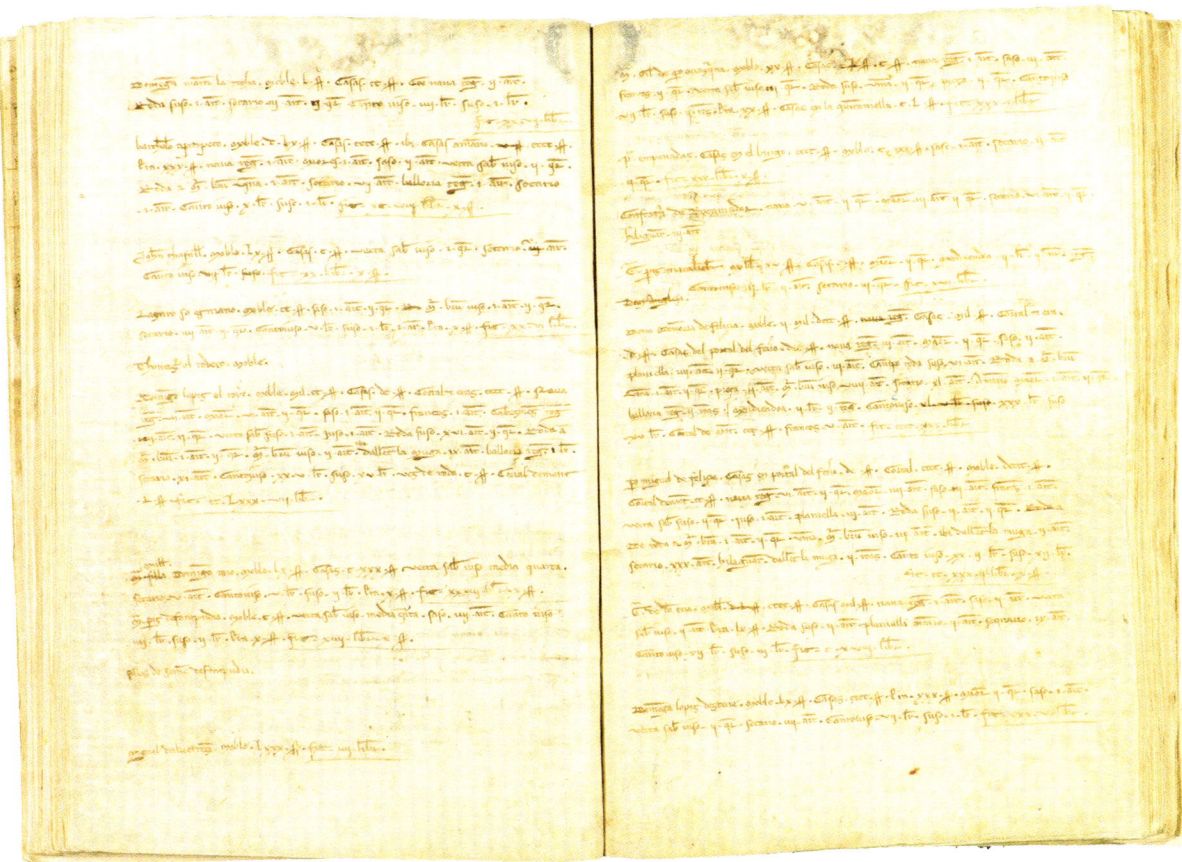

DOC. 4.2.

Registro de Donoria de Felicia en el catastro.

1264

AMO, Lib. 1, fol. 53r

46

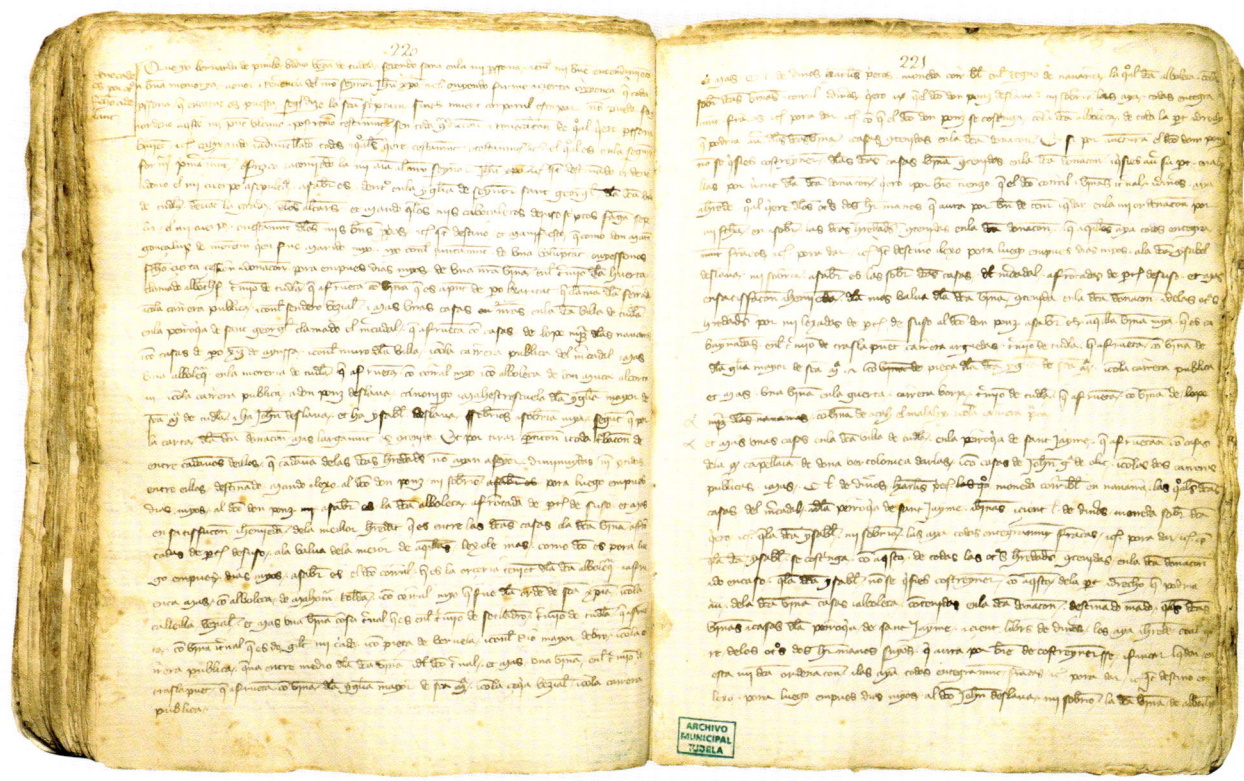

DOC. 4.3.

Testamento de Bernarda de Pimbo, burguesa de Tudela.

1383

AMT, Fondos Notariales, Tudela, Martín Don Costal, caj. 1, pp. 220-221

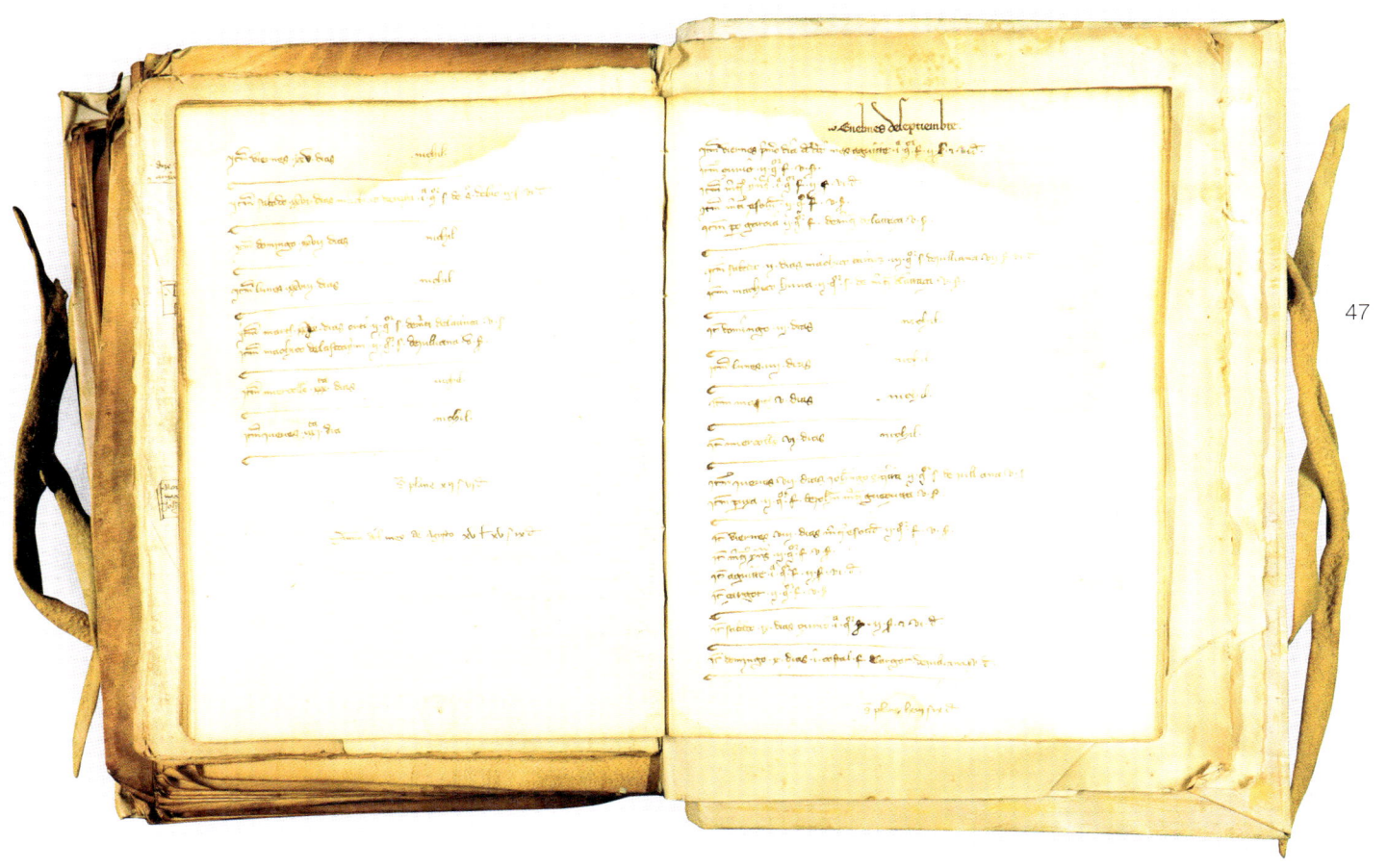

DOC. 4.4.

Referencias a doña Juliana en el libro de cuentas del peaje de Lecumberri.

1363

AGN, CO_REG. N. 109, fol. 300v

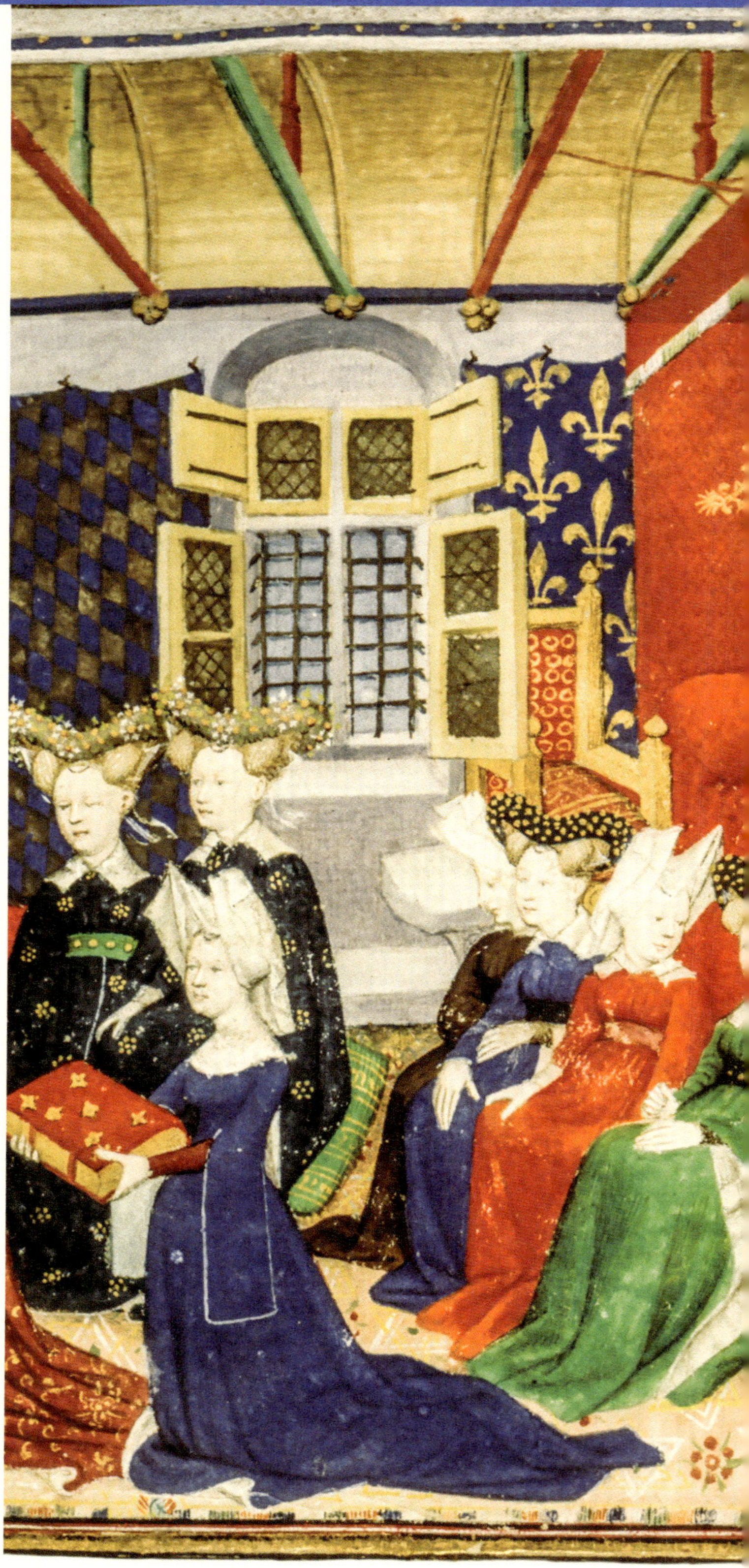

LAS SERVIDORAS DE LA CORTE, TRABAJADORAS AFORTUNADAS

En las clases inferiores, las campesinas colaboran en las faenas agrícolas junto a sus maridos, y se ocupan de la casa y de los hijos. Además, artesanas, vendedoras y sirvientas trabajan para su propio sustento o en apoyo familiar.

Las cortes principescas, como la de la reina Blanca de Navarra (1425-1441), eran un entorno privilegiado para estas asalariadas, con un empleo y sueldo estables. Las servidoras de la soberana en 1425-1427 representan un microcosmos social. Hay 28 damas, encabezadas por la tía de la reina, entre las que destacan las amas de cría y mecedoras de las infantas, que establecer con la familia real unos lazos duraderos de aprecio y especial consideración. Pero también se documentan hasta sesenta proveedoras de alimentos, rescatadas del anonimato por las cuentas del Hostal. El personal femenino de Blanca, reina titular, es más numeroso que el de sus predecesoras consortes, pero en el palacio predomina el personal masculino.

La escritora Christine de Pizan presenta su obra a la reina de Francia, rodeada por sus damas de compañía.

París, 1410-1414

British Library, Harley MS 4431

CUALIDADES DE UNA PRINCESA

SEGÚN *LE LIVRE DES TROIS VERTUS*, DE CHRISTINE DE PIZAN (1405)

1. Amar al marido y vivir con él en paz
2. Amar a la familia del marido
3. Gobernar bien a los hijos
4. Tener discreción con los enemigos
5. Hacerse querer de todos sus súbditos
6. Gobernar bien a las mujeres de la corte
7. Gobernar su economía, su renta y sus gastos

PROVEEDORAS DE ALIMENTOS PARA EL HOSTAL DE LA REINA BLANCA

(1425-1427)

60 PROVEEDORAS EN TOTAL, ENTRE ELLAS

GRACIA PÉREZ DE OLITE

Vino y uvas

TERESA DE MURILLO EL FRUTO

Nueces, higos, uvas y melocotones

BERTOLA

Brevas, moras, ciruelas, peras, manzanas, nueces y almendras

MARÍA PÉREZ

Uvas, higos, nueces, lechugas, nabos y zanahorias

CATALINA Y MARINA

Mostaza y azafrán

SANCHA Y MARÍA

Longaniza, tripas, pies y carne de cerdo

GRACIA, PASCUALA Y ELVIRA

Sardinas

SALARIOS DE LAS DAMAS DE LA CORTE DE LA REINA BLANCA

(1425-1427)

28 DAMAS EN TOTAL, ENTRE ELLAS

MADAMA JUANA

Dama principal
Hija de Carlos II, tía de la reina

75

sueldos diarios

LEONOR DE VILLAESPESA

Vizcondesa de Valderro

Dama de rango alto
Hija del canciller del reino
casada con el chambelán de la reina

15

sueldos diarios

(su marido cobra 20 sueldos diarios)

BLANCA DE BEAUMONT

Dama de rango medio
Linaje de alcurnia

9

sueldos diarios

NAVARCO

Mecedora de la infanta Blanca

5

sueldos diarios

GRACIA MARTÍNEZ DE TAFALLA

Ama de cría de la infanta Blanca

4

sueldos diarios

INÉS ALONSO

Panadera y pastelera

3,5

sueldos diarios

TERESA DE PRADO

Lavandera

3,5

sueldos diarios

MARÍA DE BÉRTIZ

Costurera

3,5

sueldos diarios

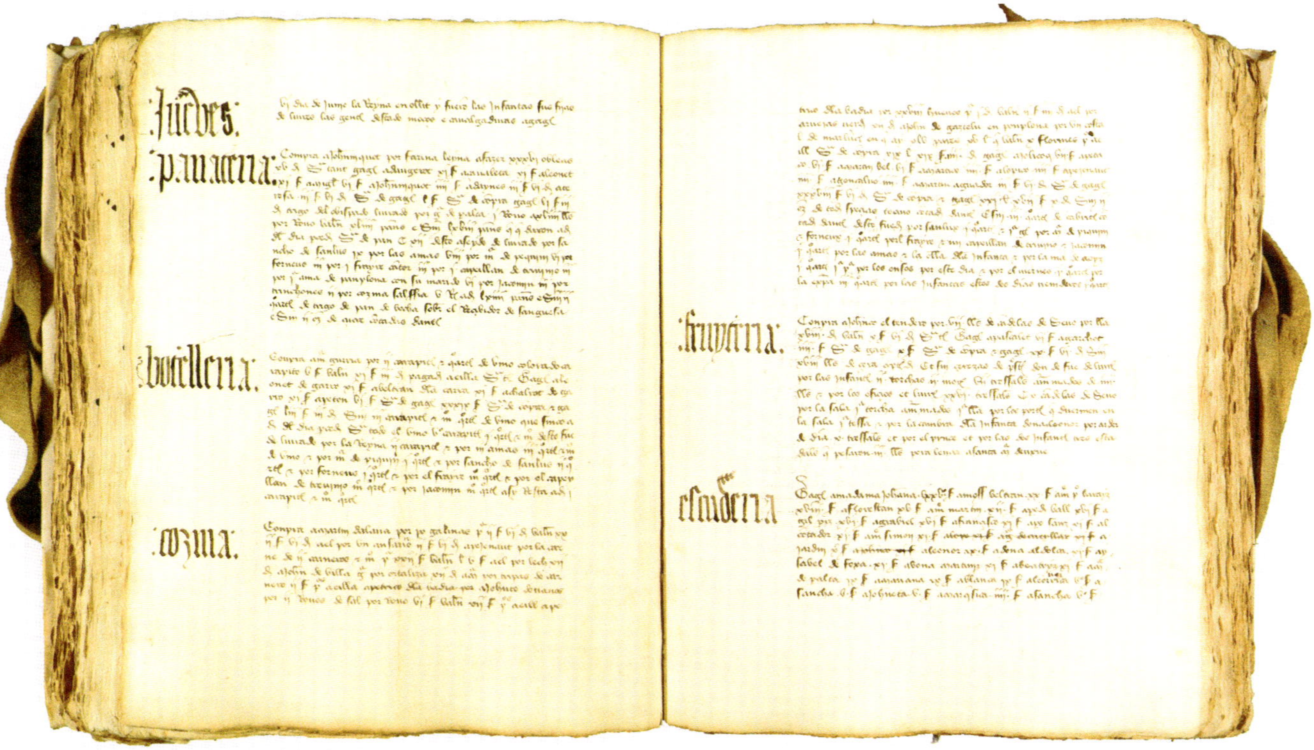

52

DOC. 5.1.

Registro de cuentas del hostal de Blanca I, reina de Navarra.

1425-1426

AGN, CO_REG. N. 387, fol. 386r

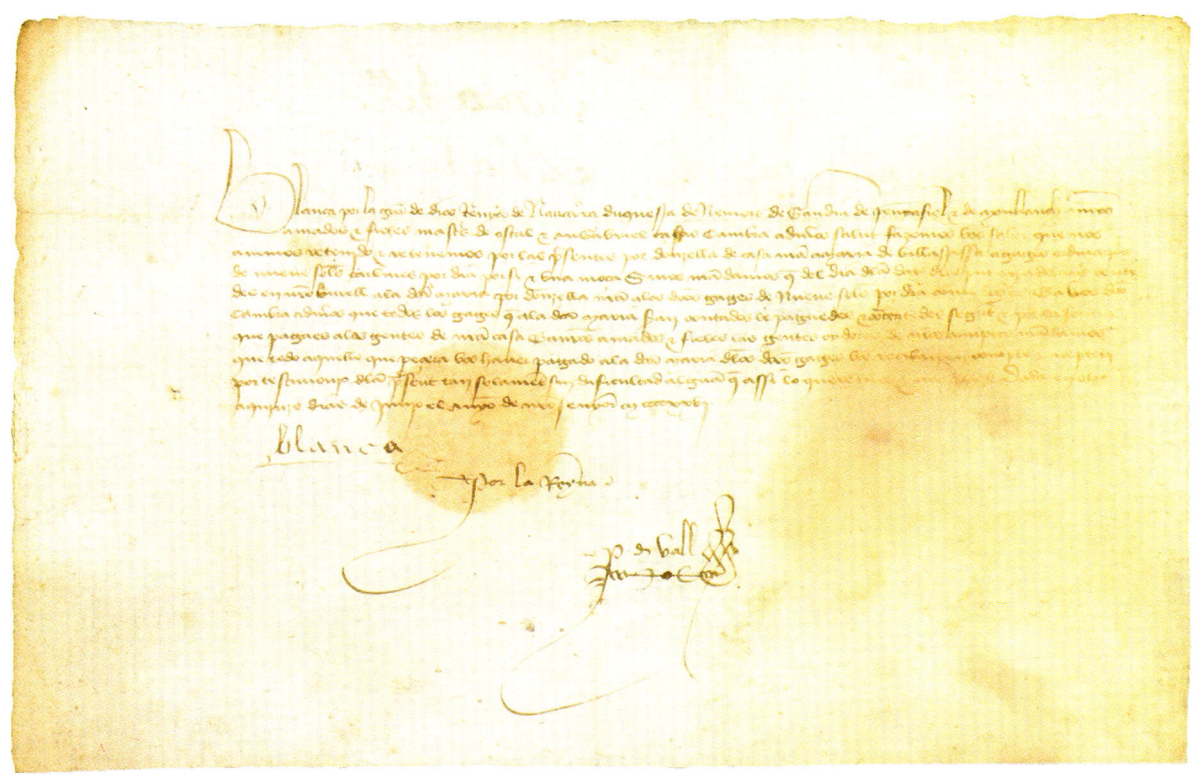

DOC. 5.2.

Blanca I, reina de Navarra, comunica a los maestres de su hostal y de
su Cámara de los Dineros el nombramiento de María de Villaespesa
como doncella de su hostal, con gajes de 9 sueldos diarios.

Olite, 15 de junio de 1426

AGN, CO_DOCS., Caj. 125, N. 16-4

54

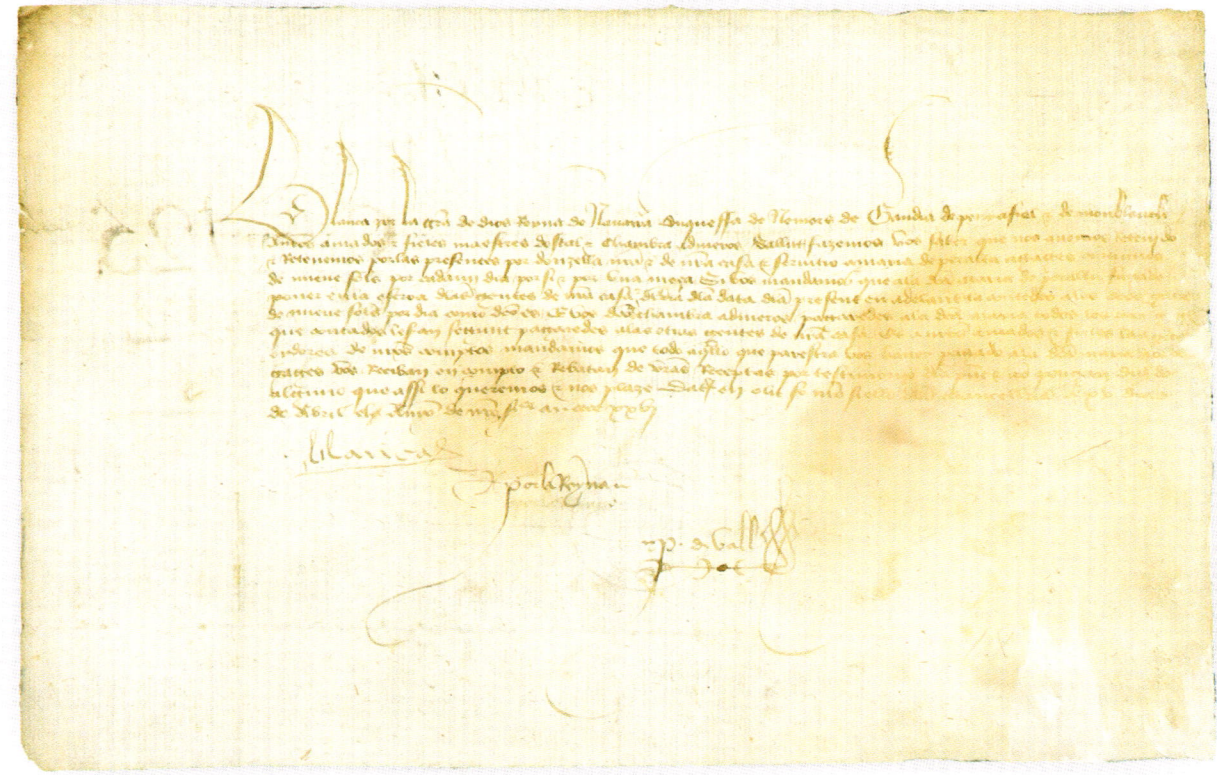

DOC. 5.3.

Blanca I, reina de Navarra, comunica a los maestres de su hostal y de
su Cámara de los Dineros el nombramiento de María de Peralta como
doncella de su hostal, con gajes de 9 sueldos diarios.

Olite ,15 de abril de 1426

AGN, CO_DOCS., Caj. 125, N. 12-9

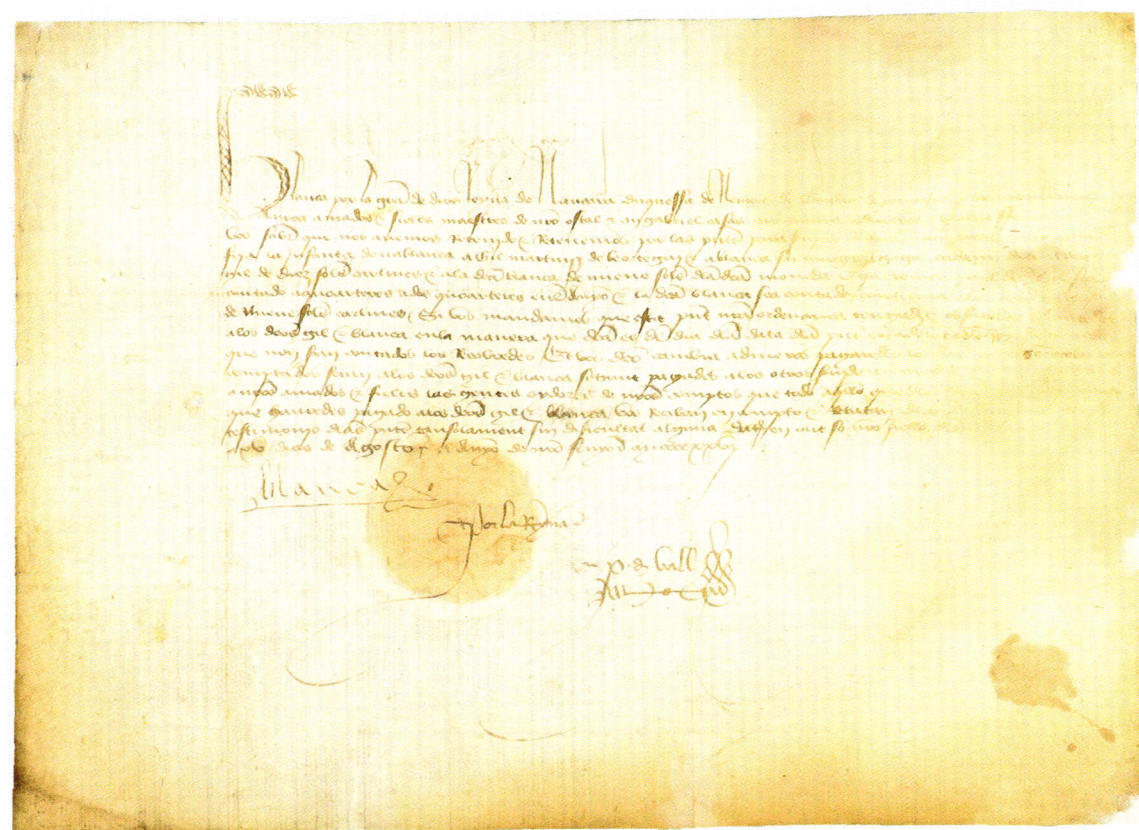

DOC. 5.4.

Blanca I, reina de Navarra, comunica a los maestres de su hostal y de su Cámara de los Dineros el nombramiento de Gil Martínez de Beortegui y su esposa Blanca de Beaumont como servidores del hostal de su hija Blanca, a gajes de 10 y 9 sueldos diarios respectivamente.

Olite, 15 de agosto de 1426

AGN, CO_DOCS., Caj. 125, N. 22-1

56

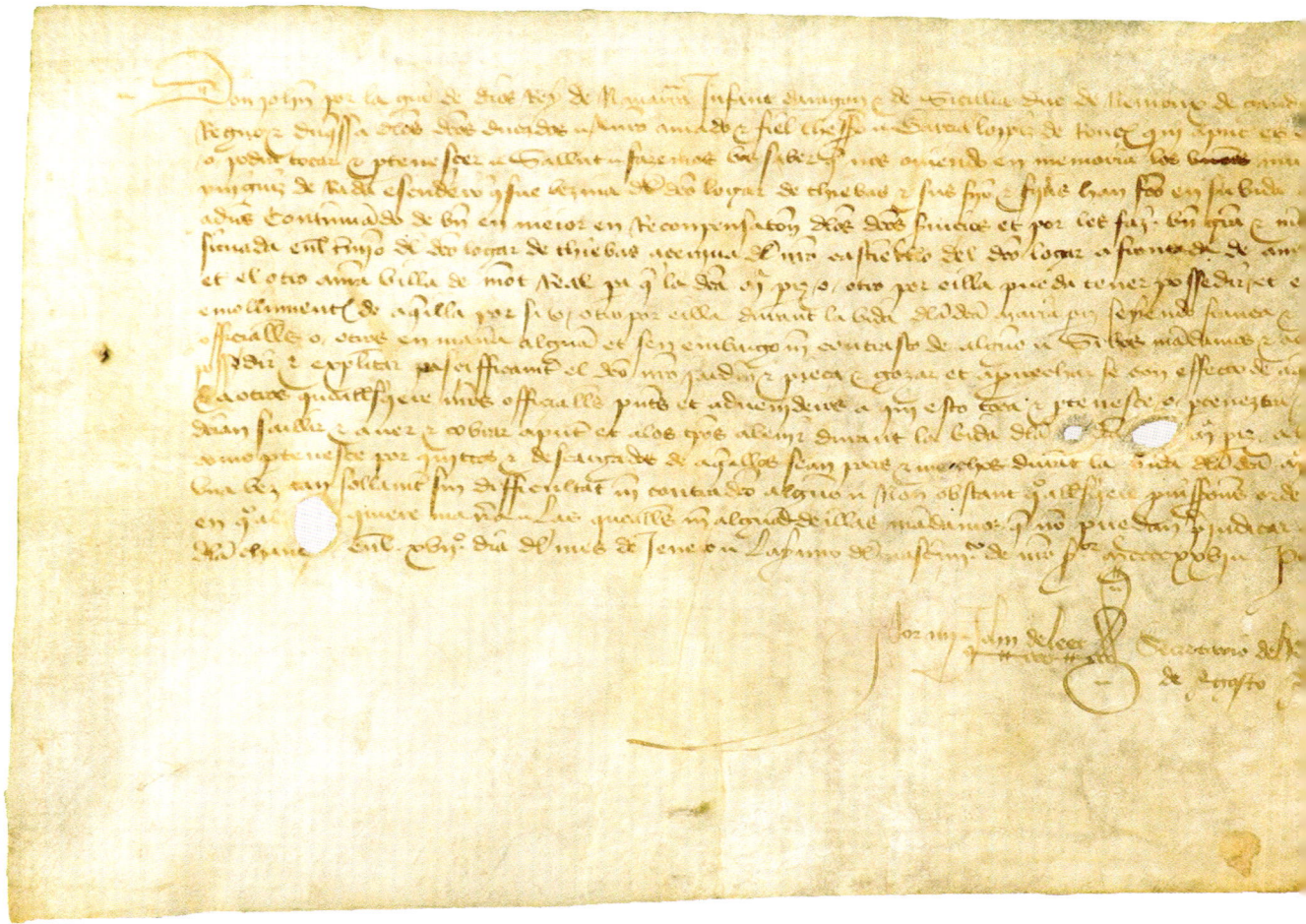

DOC. 5.5.

Blanca I y Juan II, reyes de Navarra, dan a María Pérez un jardín cerca
del castillo de Tiebas, en pago a los servicios prestados.

Olite, 17 de enero de 1426

AGN, CO_DOCS., Caj. 125, N. 6

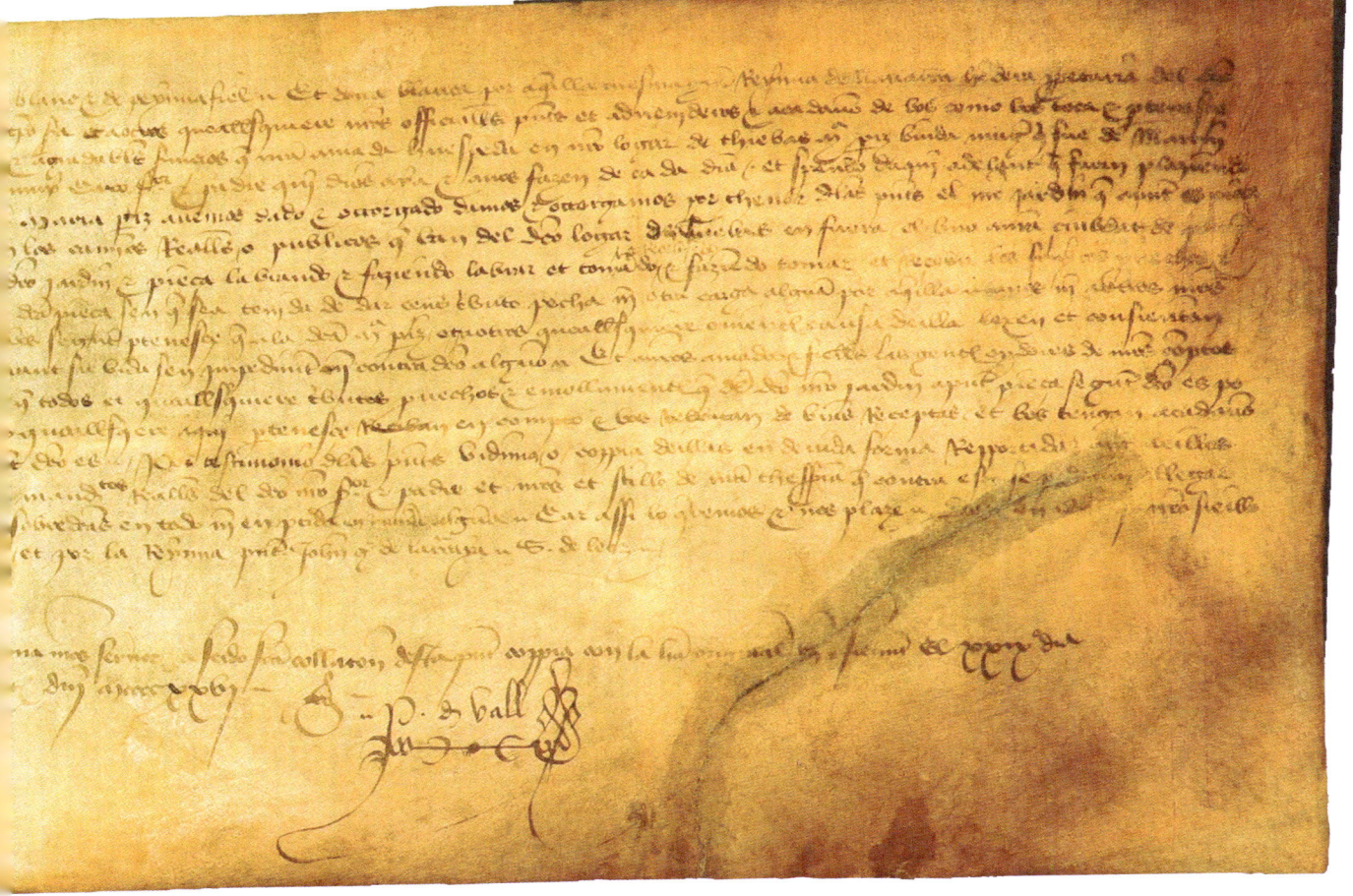

SIGLOS XVI-XVIII

EN CASA: LA MUJER, DUEÑA DE LO COTIDIANO

El ámbito doméstico constituía el espacio donde se desarrollaba la vida de las mujeres, quienes prácticamente nunca perdían de vista su casa. En ella transcurría la vida cotidiana con sus ocupaciones, de alto valor económico, pues hasta la aparición del estado la casa era escuela, hospicio, asilo, hospital, almacén, granero, bodega, tienda, corral, taller de hilado y tejido, además del lugar de transmisión de las tradiciones, sin olvidar la sepultura de los antepasados, parte también de la casa. El trabajo era incesante.

El hogar constituía el nivel básico de la vida en sociedad; a través de él el individuo se insertaba en la comunidad. De manera informal, el hogar y particularmente la mujer desempeñaron un papel crucial en la integración de los numerosos inmigrantes llegados a Navarra a lo largo de la Edad Moderna. Procedentes sobre todo de la Baja Navarra, la mayoría eran hombres muy jóvenes. Muchos consiguieron avecindarse definitivamente gracias a su matrimonio con una mujer dueña de casa. Conocidos por el nombre de su lugar de origen como apellido, han dejado abundantes testimonios de su plena integración en los actuales apellidos.

Para la mayoría de las mujeres que vivieron en la Edad Moderna, la vida discurría al margen de la cultura escrita. En buena parte de Navarra, la población era exclusivamente vascoparlante; la alta cultura se expresaba en romance. Esto no significa que carecieran de cultura; compartían un rico conjunto de creencias y tradiciones, transmitidas de manera oral. Sin embargo, no faltan excepciones.

Juana de Albret, reina de Navarra.

Anonyme Lécurieux.

Francia, 1565

Bibliothèque nationale de France, Département des Estampes et photographie.

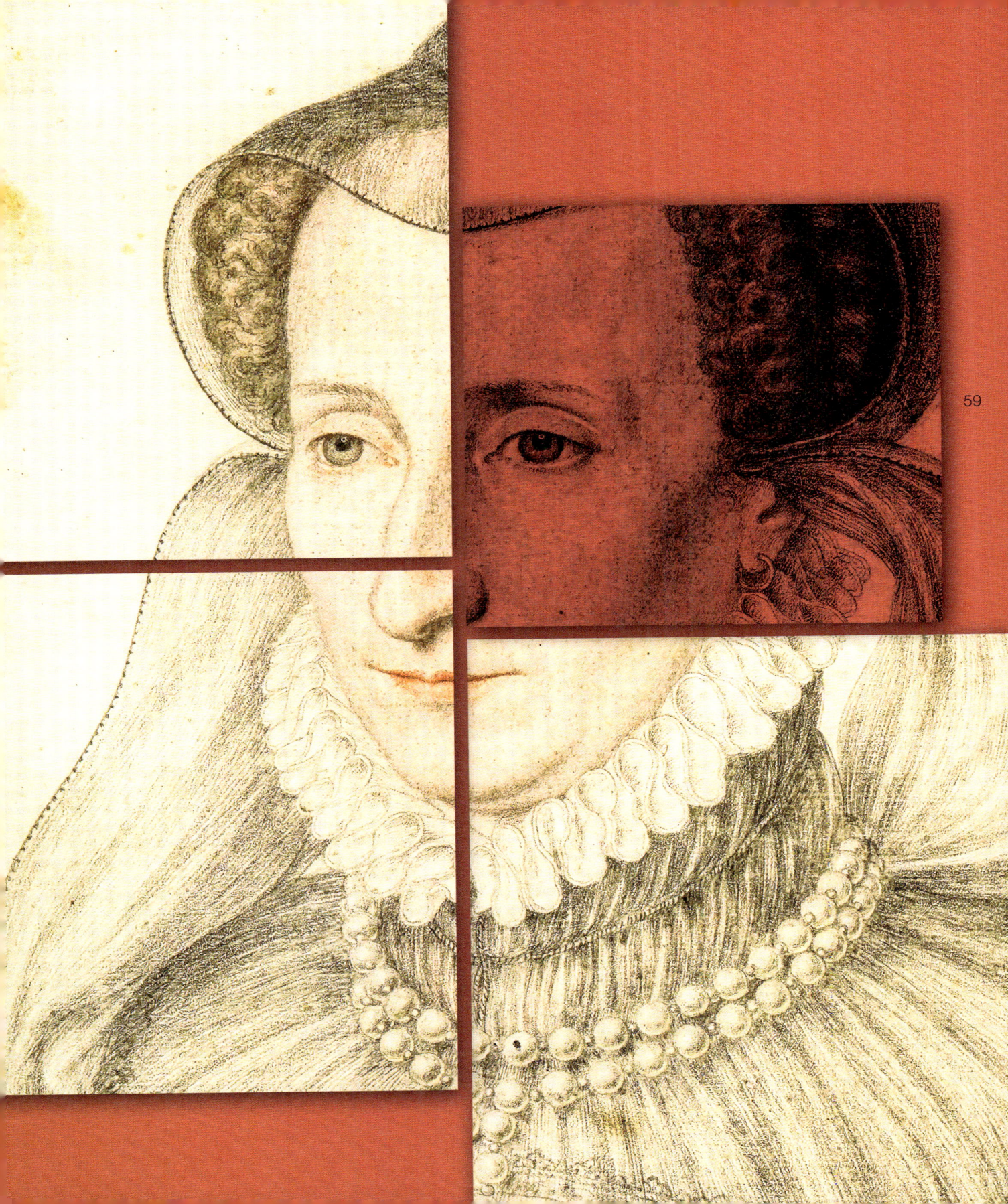

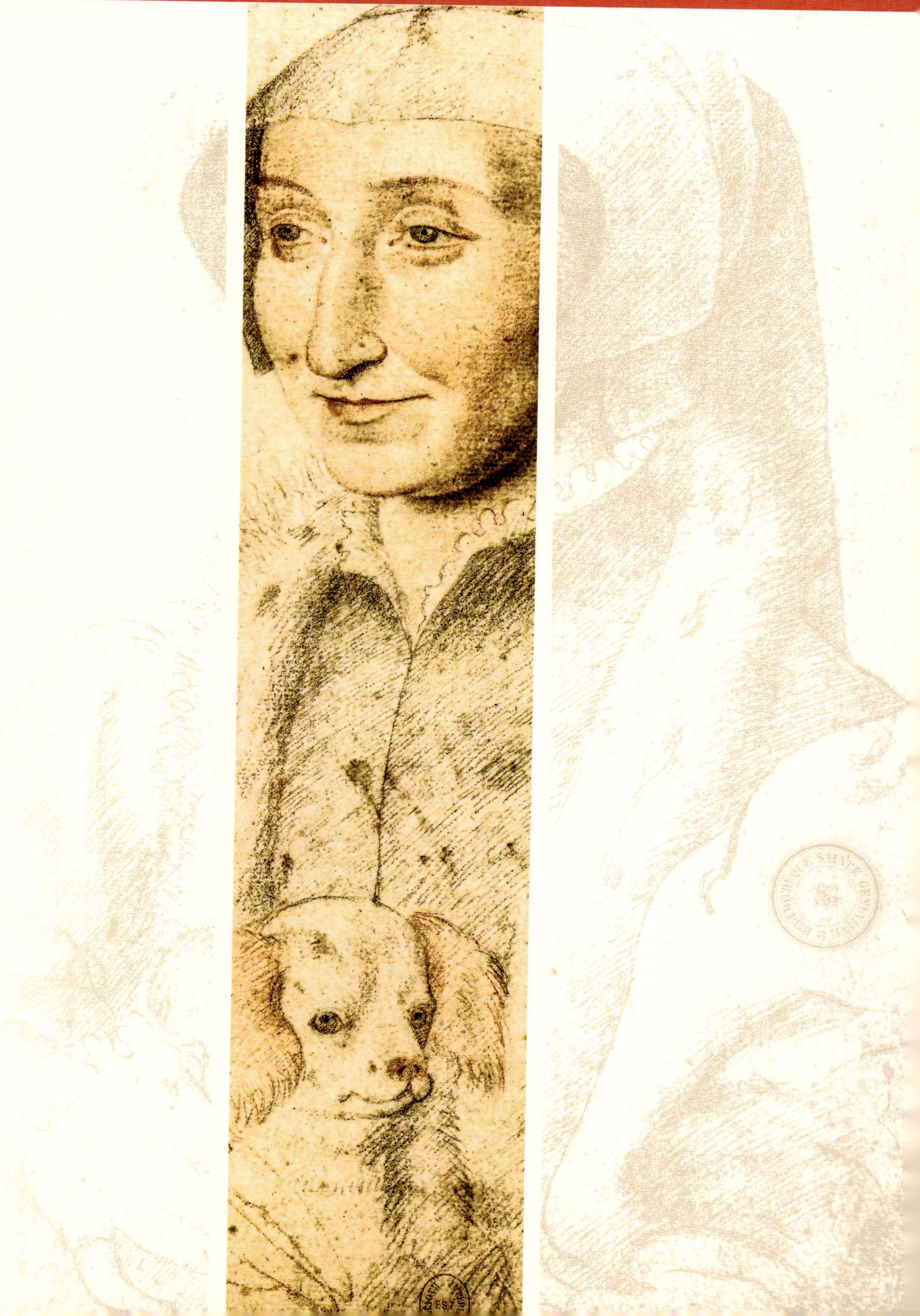

LA ESCRITORA Y LA REFORMADORA RELIGIOSA: MARGARITA Y JUANA

Margarita de Angulema o de Navarra (1492-1549), fue reina de Navarra y escritora. Era madre de Juana de Albret y hermana de Francisco I de Francia, quien tuvo en gran consideración sus consejos. Dotada de una notable curiosidad intelectual e imbuida de las ideas del humanismo, hizo de la corte francesa un activo foco cultural. Su sincera piedad no fue obstáculo para que escribiera *El Heptamerón*, un conjunto de cuentos que seguían el modelo de Bocaccio. Casada en segundas nupcias con Enrique II de Navarra, se mostró partidaria de la reforma de la Iglesia, aunque no abandonó el catolicismo.

Juana de Albret (1528-1572) fue heredera del trono de Navarra. Inteligente y dotada de energía de carácter, recibió una cuidada educación humanística. Sensible a las cuestiones religiosas y persuadida de la necesidad de una profunda reforma de la Iglesia en los turbulentos años que precedieron a las guerras de religión en Francia, se convirtió al calvinismo en 1560. Deseosa de llevar su fe a Baja Navarra y Zuberoa, entre otras iniciativas, encargó la traducción al euskera del Nuevo Testamento a Joannes de Leizarraga (1571).

Margarita de Angulema, reina de Navarra.

Pierre Dumonstier.

Francia

1565

Bibliothèque nationale de France, Département des Estampes et photographie.

62

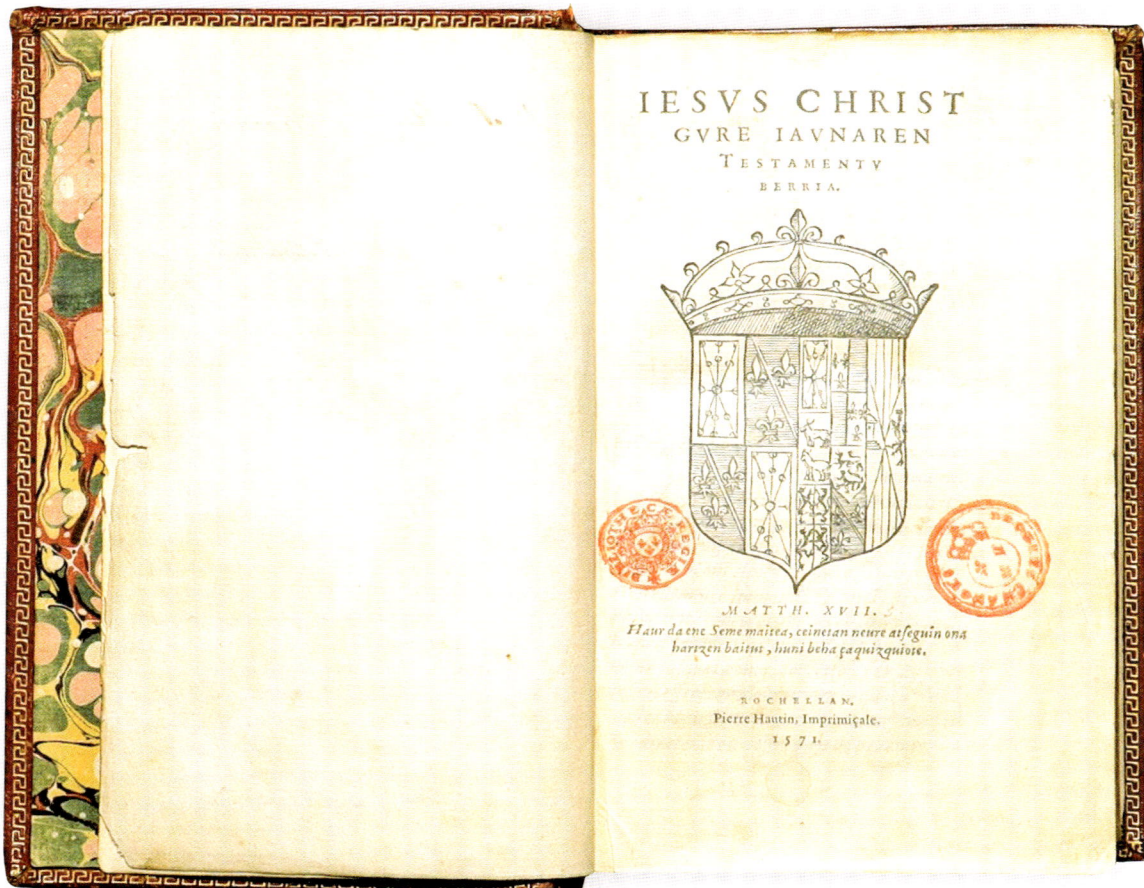

DOC. 6.1.

Primera traducción al euskera del Nuevo Testamento,
encargada por Juana de Albret a Joannes Leizarraga
a fin de difundir el calvinismo en Navarra.

La Rochelle (Francia), 1571

Biblioteca de Navarra, TB-Lei

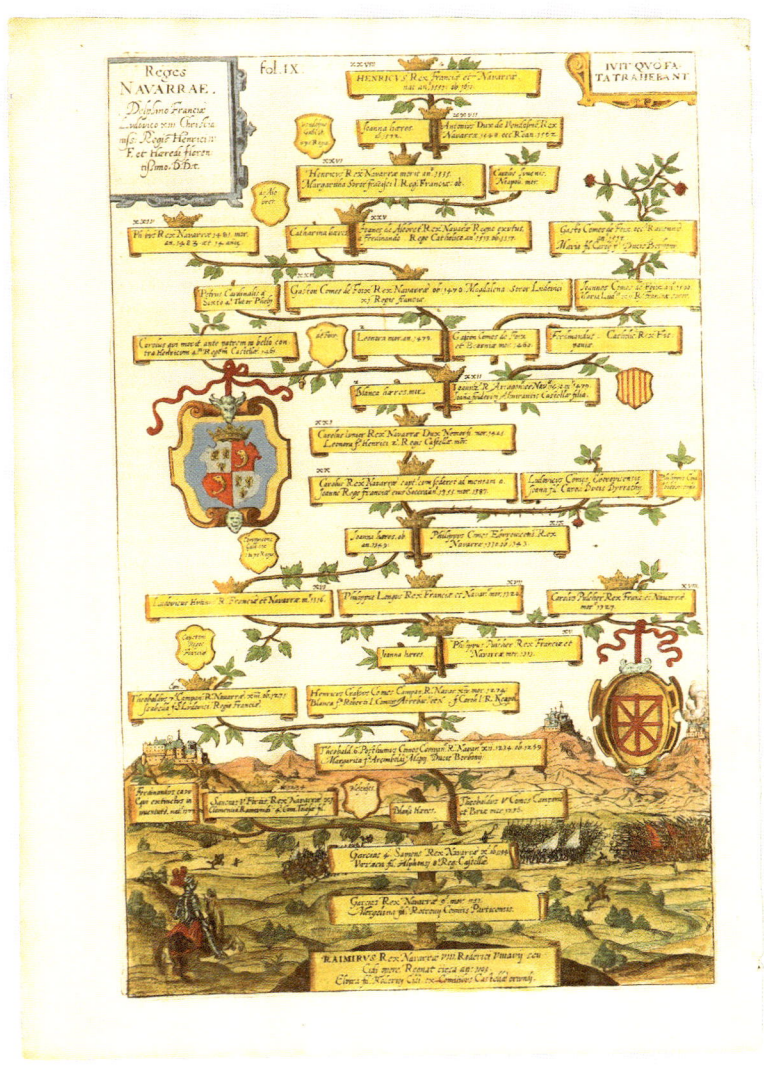

DOC. 6.2.

Árbol genealógico de los reyes de Navarra, desde el legendario Ramiro hasta Enrique IV de Francia.

Hacia 1612

AGN, FIG_HERALDICA, N. 153

64

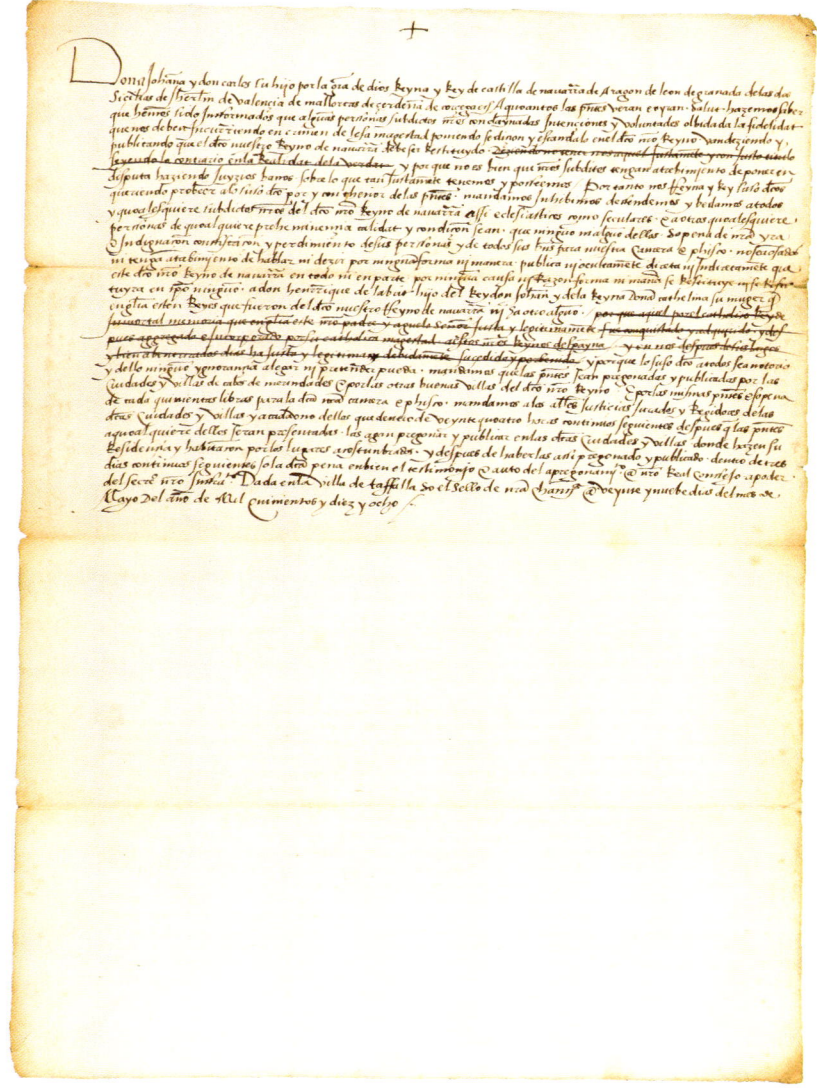

DOC. 6.3.

Juana I y Carlos I, reyes de España, prohíben a sus súbditos
del reino de Navarra hablar sobre los derechos de restitución
del reino a Enrique de Albret, hijo de los reyes de Navarra.

Tafalla, 29 de mayo de 1518

AGN, AP_RENA, Caj. 28, N. 2-5

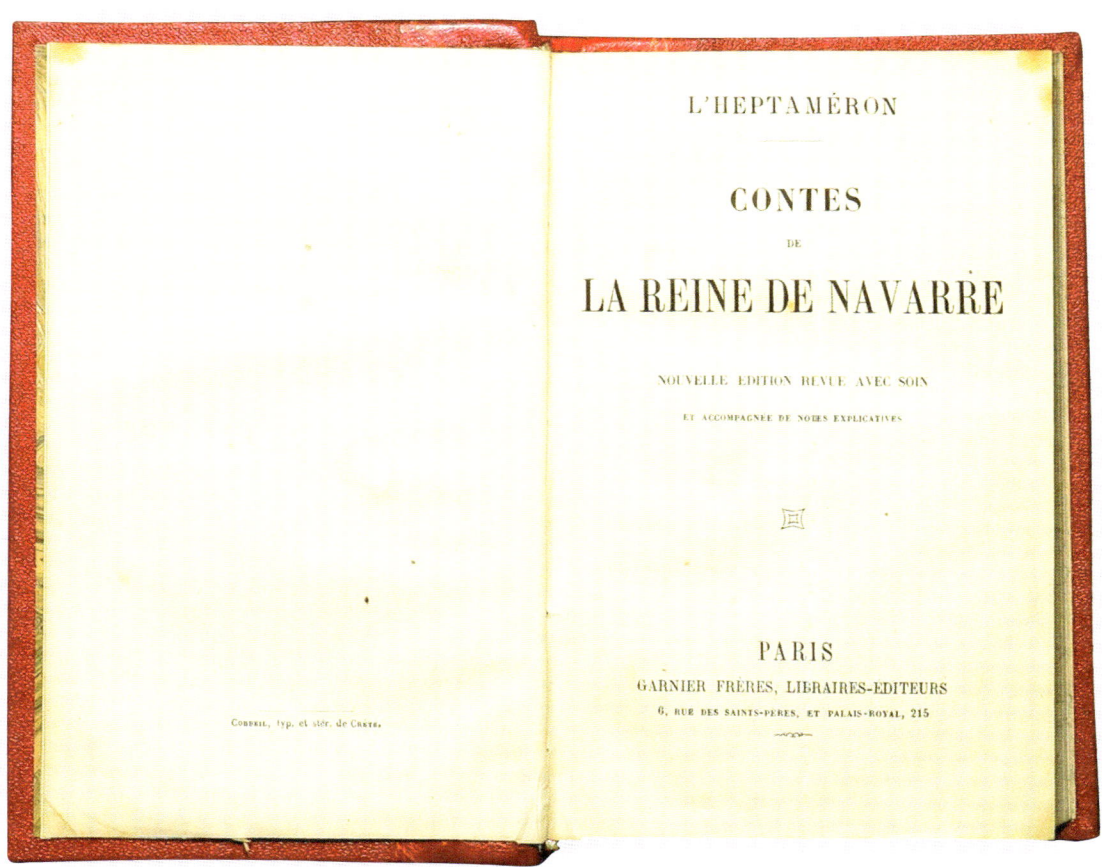

DOC. 6.4.

**Ejemplar de la obra más difundida de Margarita de Angulema,
El Heptamerón (1558), reflejo de su formación renacentista.**

París, 1850

AGN, BIBLIOTECA, FBA/786

Con humor, critica la relajación de costumbres del clero.

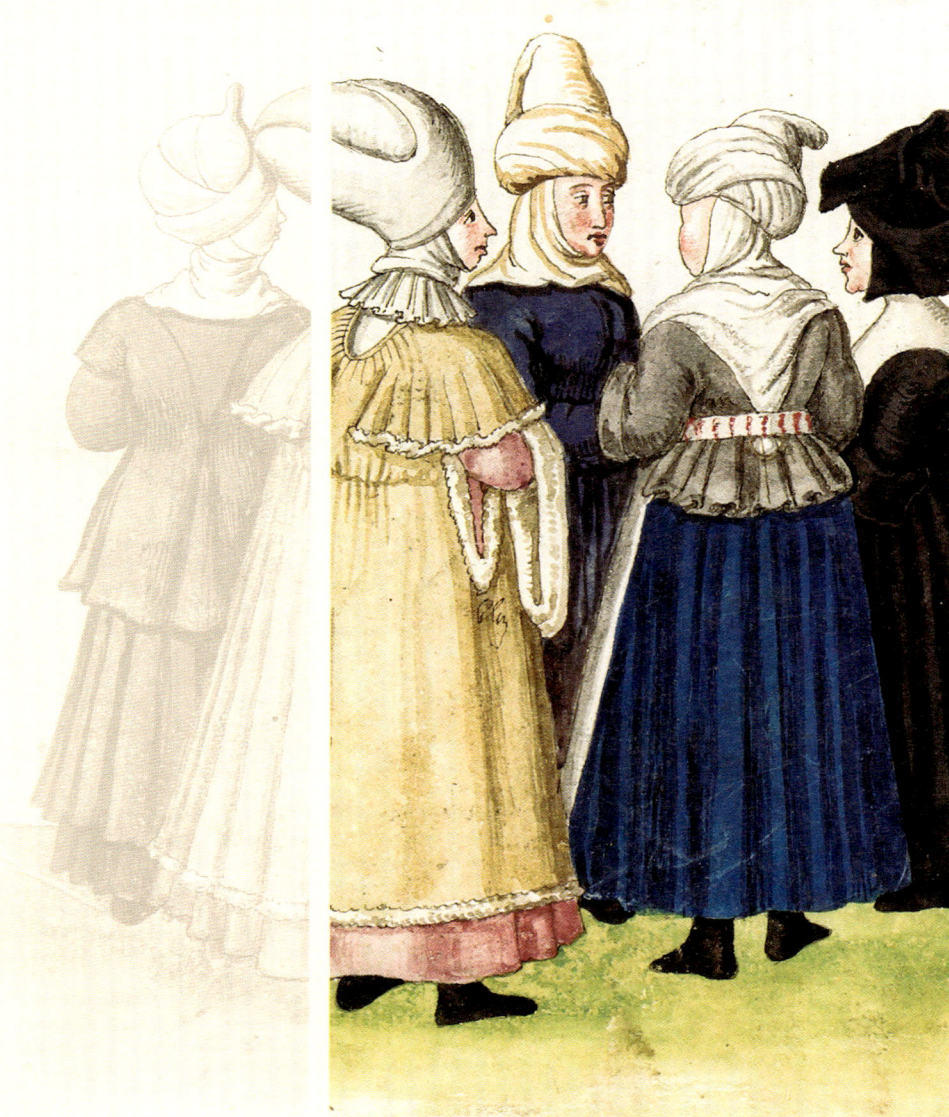

IN NAWARA

in Navarra

66

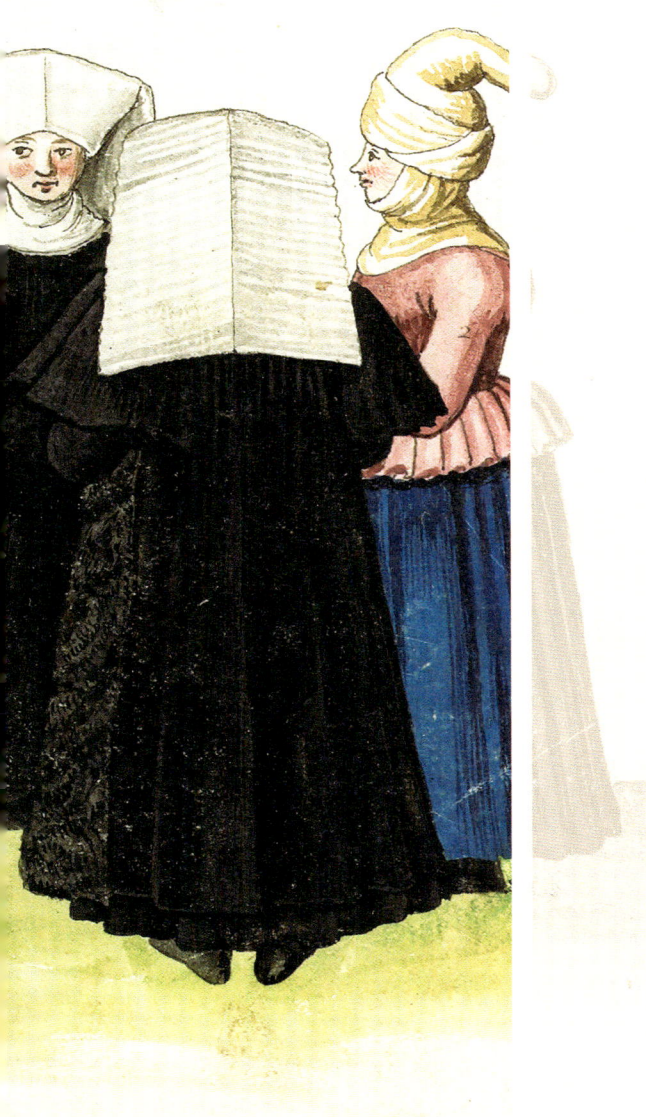

…G IN NAWARA

EN EL SILENCIO DEL CONVENTO: **BEATRIZ, CATALINA** Y **LEONOR**

Catalina de Cristo (1530-1594) fue el nombre de religiosa de Catalina de Balmaseda, hija de un pariente de santa Teresa de Jesús. Por decisión de la santa, en 1581 fue la primera priora del Carmelo de Soria, a pesar de que no sabía escribir ni apenas leer. Catalina fundó el convento de Pamplona –el primero tras la muerte de santa Teresa– y más tarde el de Barcelona, donde murió con fama de santidad en 1594. Su cuerpo fue trasladado al convento de Pamplona, donde se conserva incorrupto.

Leonor de Ayanz y Beaumont (1552-1620), conocida como Leonor de la Misericordia por su nombre en religión, era hija de los señores de Guenduláin y hermana del inventor Jerónimo de Ayanz. Recibió educación humanística y literaria. Casada en 1569, no llegó a consumar el matrimonio. Se trasladó a Soria con su tía Beatriz de Beaumont, impulsora de la fundación del Carmelo en esa ciudad. Tras obtener la disolución de su matrimonio, Leonor ingresó en el Carmelo y escribió una vida de Catalina de Cristo, raro ejemplo de obra del XVI escrita por una mujer y testimonio del romance hablado por las clases cultas de Navarra.

67

Trajes de Navarra.

Alemania, 1546-1547

Biblioteca Nacional de España, Res/285

68

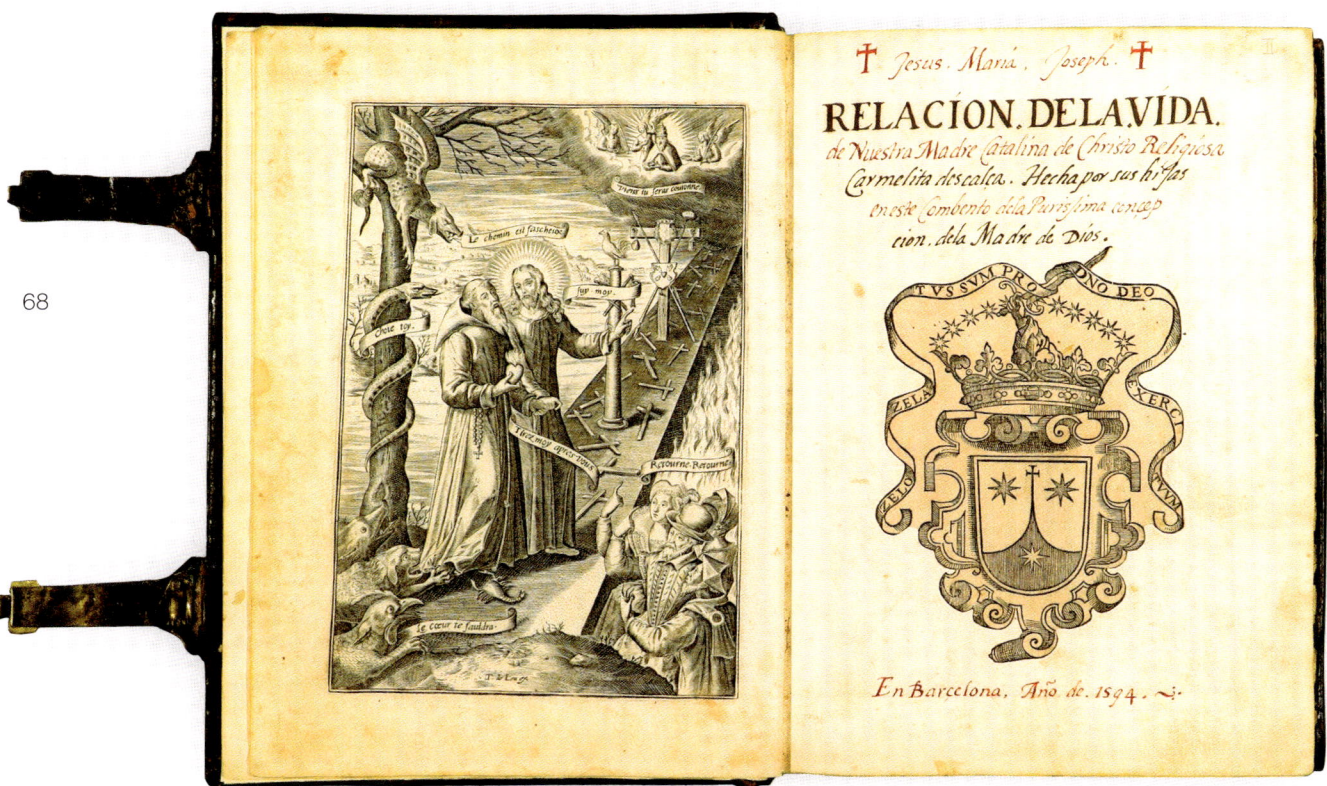

DOC. 7.1.

Relación de la vida de la venerable Catalina de Cristo, biografía preparada y manuscrita por Leonor de Ayanz y Beaumont, carmelita descalza hija de los señores de Guenduláin.

Barcelona, 1594

Convento de San José de Carmelitas Descalzas de Pamplona, códice P1

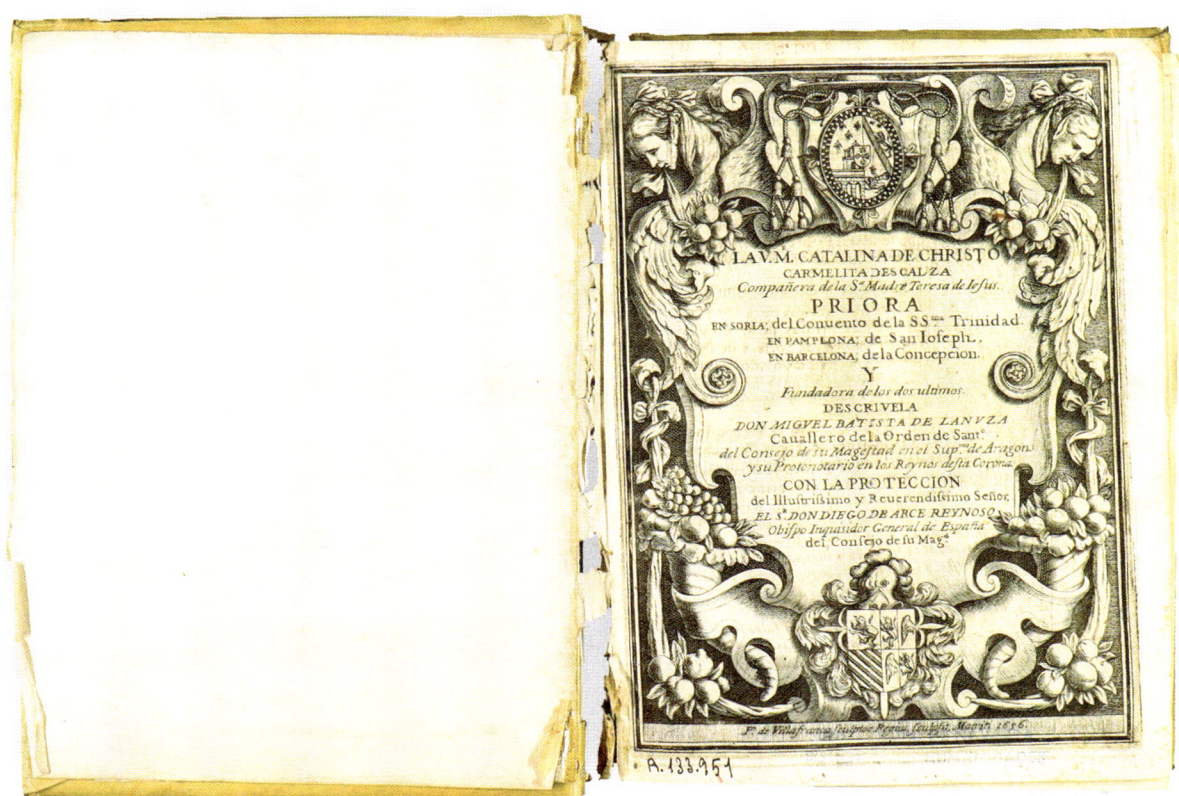

DOC. 7.2.

Biografía de Catalina de Cristo, fundadora del convento de
Carmelitas Descalzas de Pamplona, el primero establecido
después de la muerte de santa Teresa de Jesús (1583).

Zaragoza, 1657

Universidad de Navarra, Biblioteca, FA 137.456

70

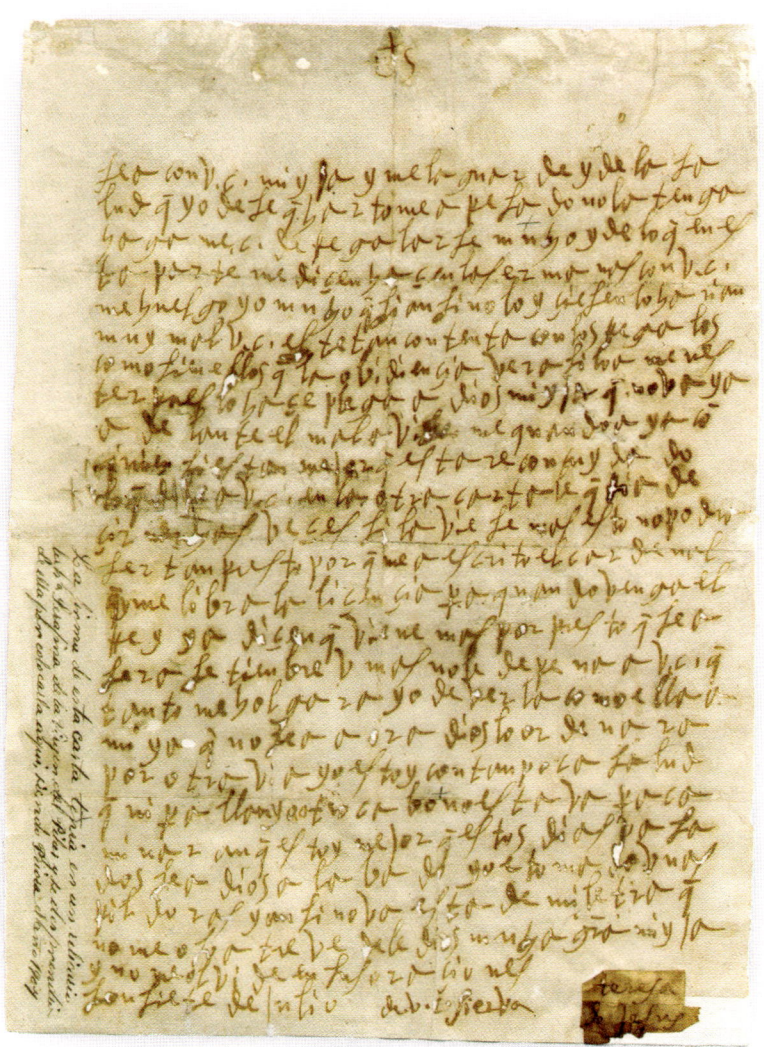

DOC. 7.3.

Carta de santa Teresa de Jesús a la hermana Leonor de la Misericordia, escrita tres meses antes de su muerte.

7 de julio de 1582

Convento de San José de Carmelitas Descalzas de Pamplona

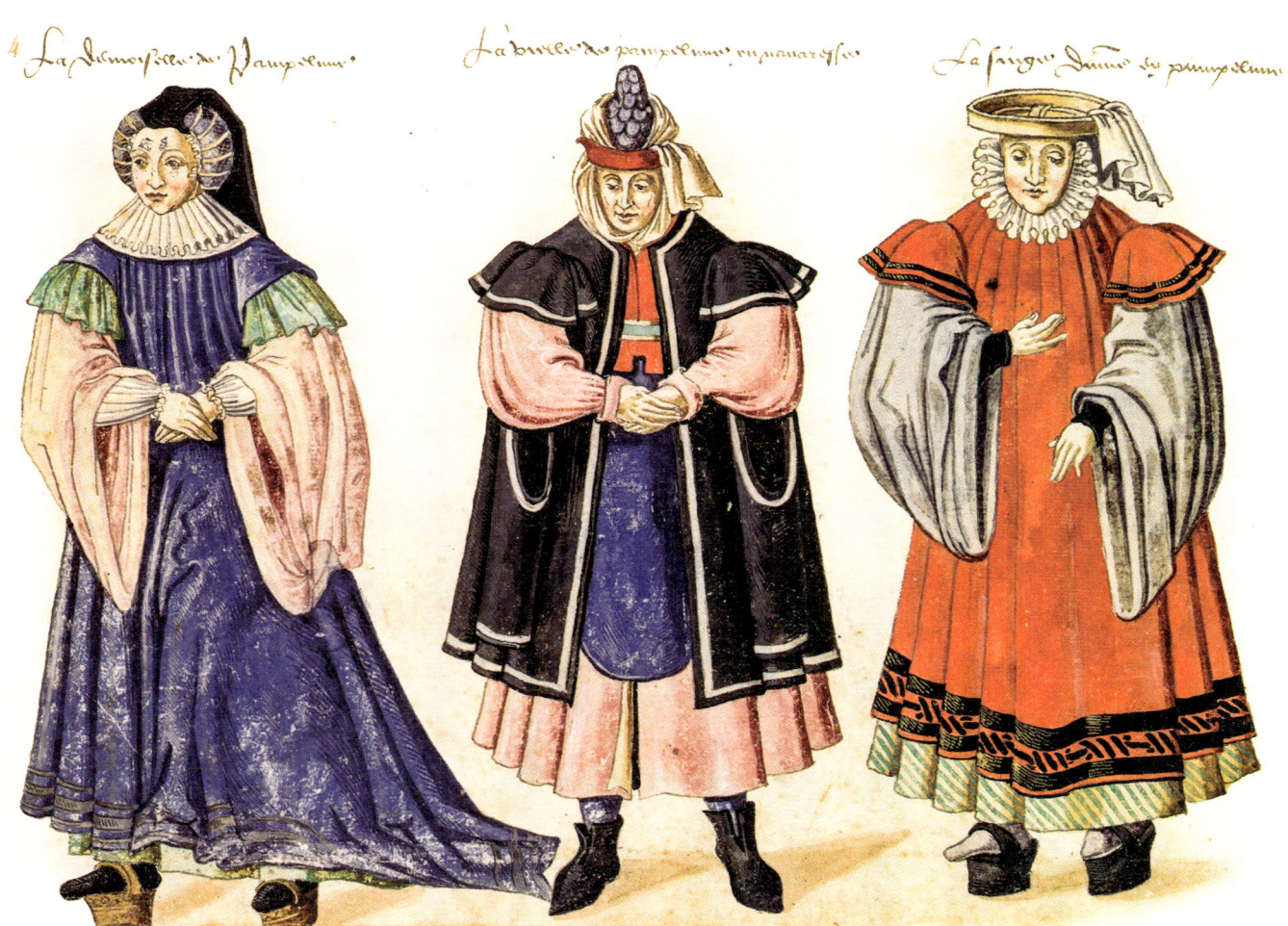

Joven soltera, anciana y comadrona de Pamplona.

Anónimo francés

1572

Bibliothèque nationale de France,
Département des Estampes et photographie

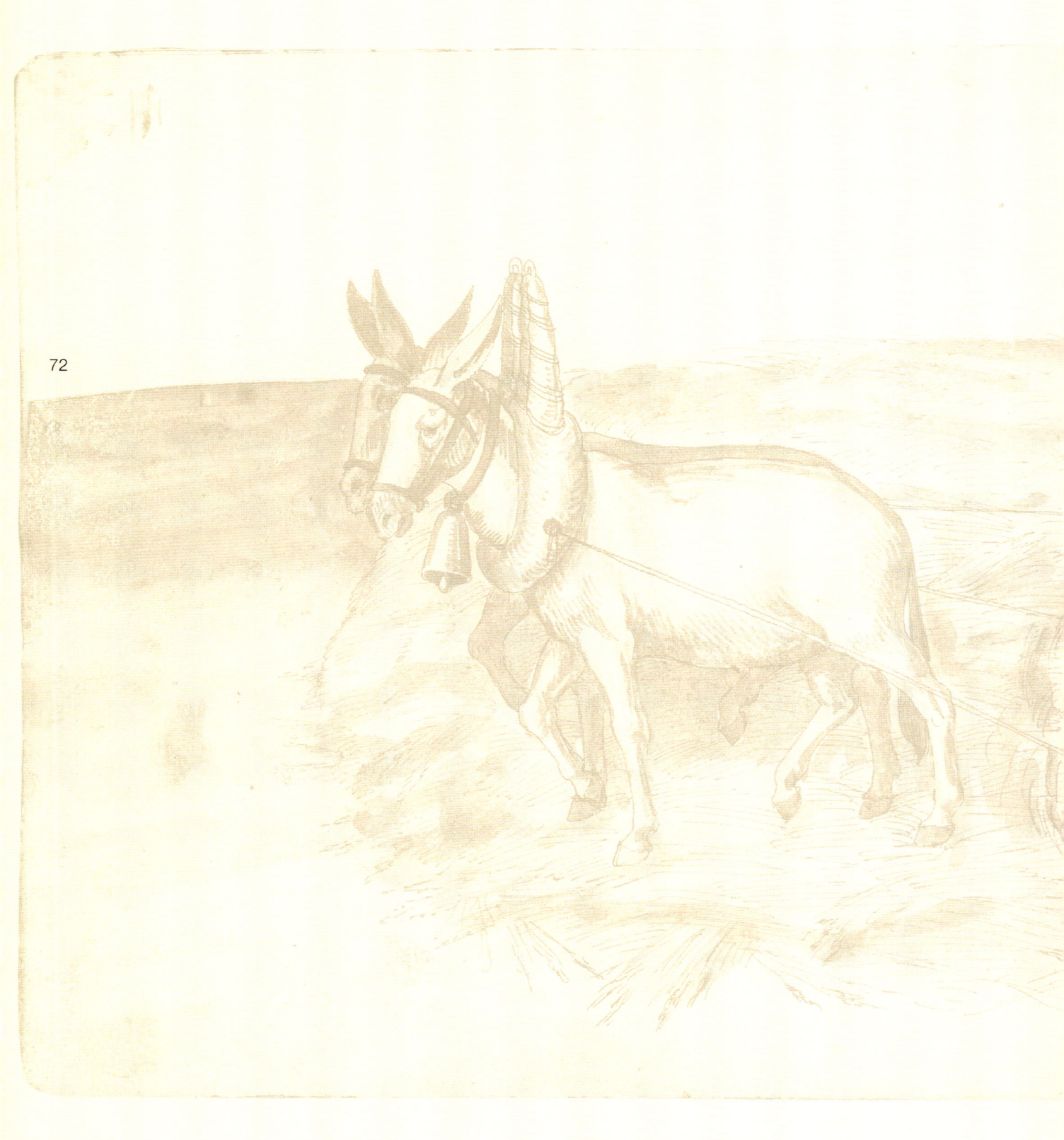

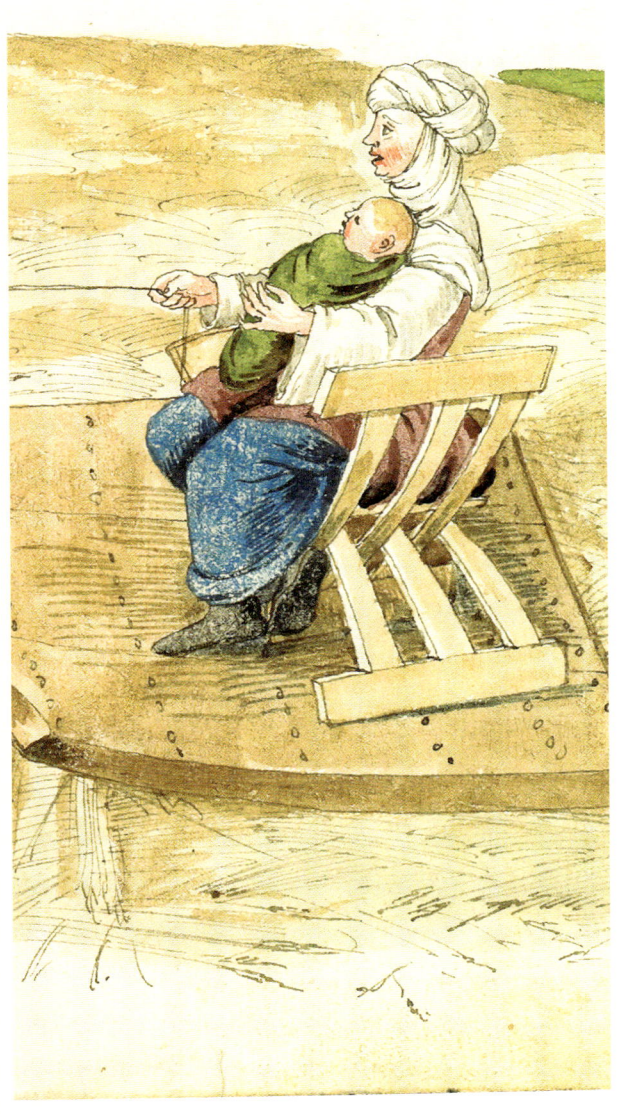

IN SPANIA THRIST MAN D SKO

ANCHA DE ZURIÁIN,
LA VOZ DE LA MUJER ANCESTRAL

Ancha de Zuriáin era vecina de Uroz (valle de Lizoáin) en 1610. Tanto ella como su marido, Juan de Lizoáin, se expresaban únicamente en lengua vasca. Cuando Juan fue presionado por un poderoso hidalgo para que abandonara su casa, bajo la promesa de que más adelante se la devolvería, Ancha se negó a mudar la lumbre de su casa, "haziendosele dura cossa salir de su casa por dar gusto a otro". Su resistencia obligó tanto al hidalgo como a su marido a intervenir; como ella declara en juicio, estaba defendiendo la casa de sus hijos.

Un ejemplo de lo que podría llamarse "matriarcado" lo encontramos en Nagore (valle de Arce). La casa Enecorena tiene tendencia matrilineal: generación tras generación, haya hijos e hijas, los padres eligen como heredera a una mujer. Además, como la identidad individual y familiar viene dada por el solar y la tierra, el apellido no se toma del padre, sino de la madre: más concretamente, del nombre de la casa materna. Así, entre finales del XVI y principios del XVII la dueña de la casa se llamará María de Enecorena.

73

Labor de trilla en España.

Alemania, 1546-1547

Biblioteca Nacional de España, Res/285

74

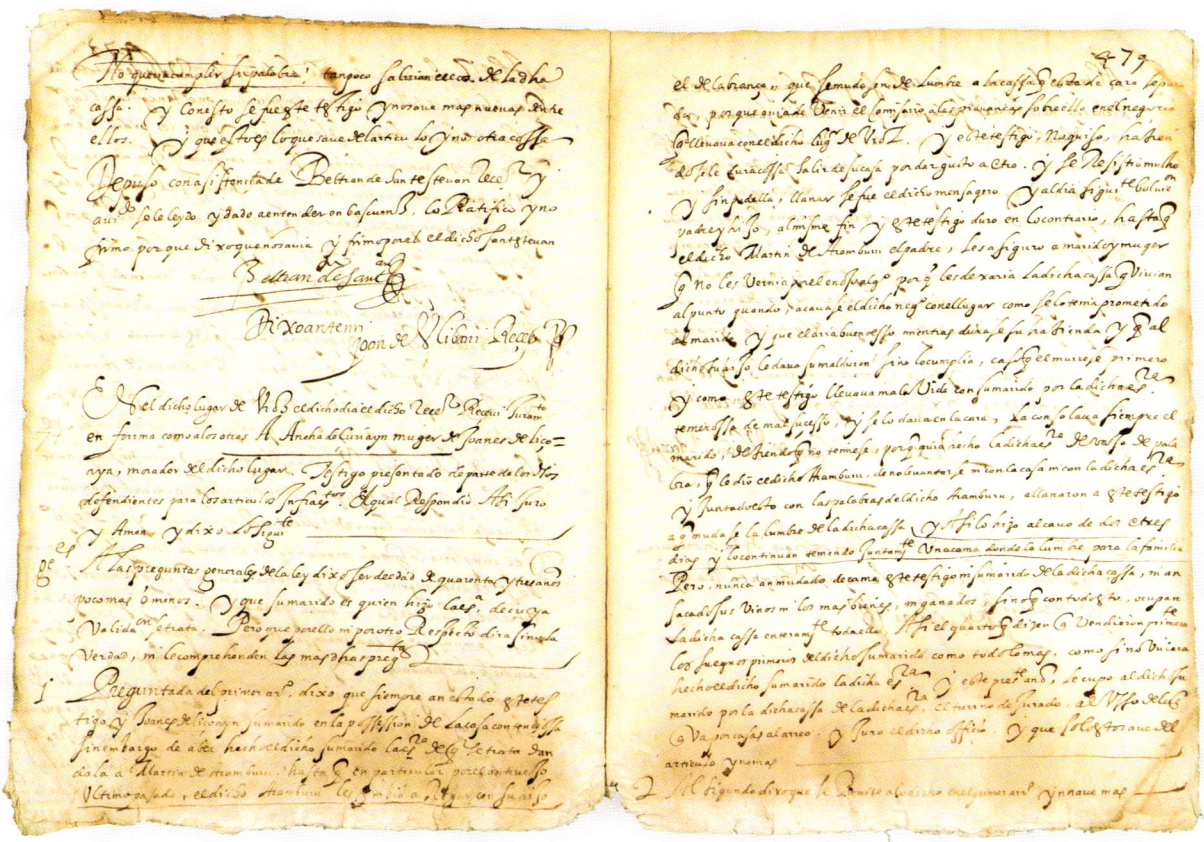

DOC. 8.1.

Ancha de Zuriáin, campesina vascoparlante vecina de Uroz, se niega a abandonar su casa en 1610 cuando su marido, Juan de Lizoáin, es coaccionado a hacerlo por un vecino más poderoso.

Uroz (valle de Lizoáin), 1610

AGN, Consejo Real, proceso 072633

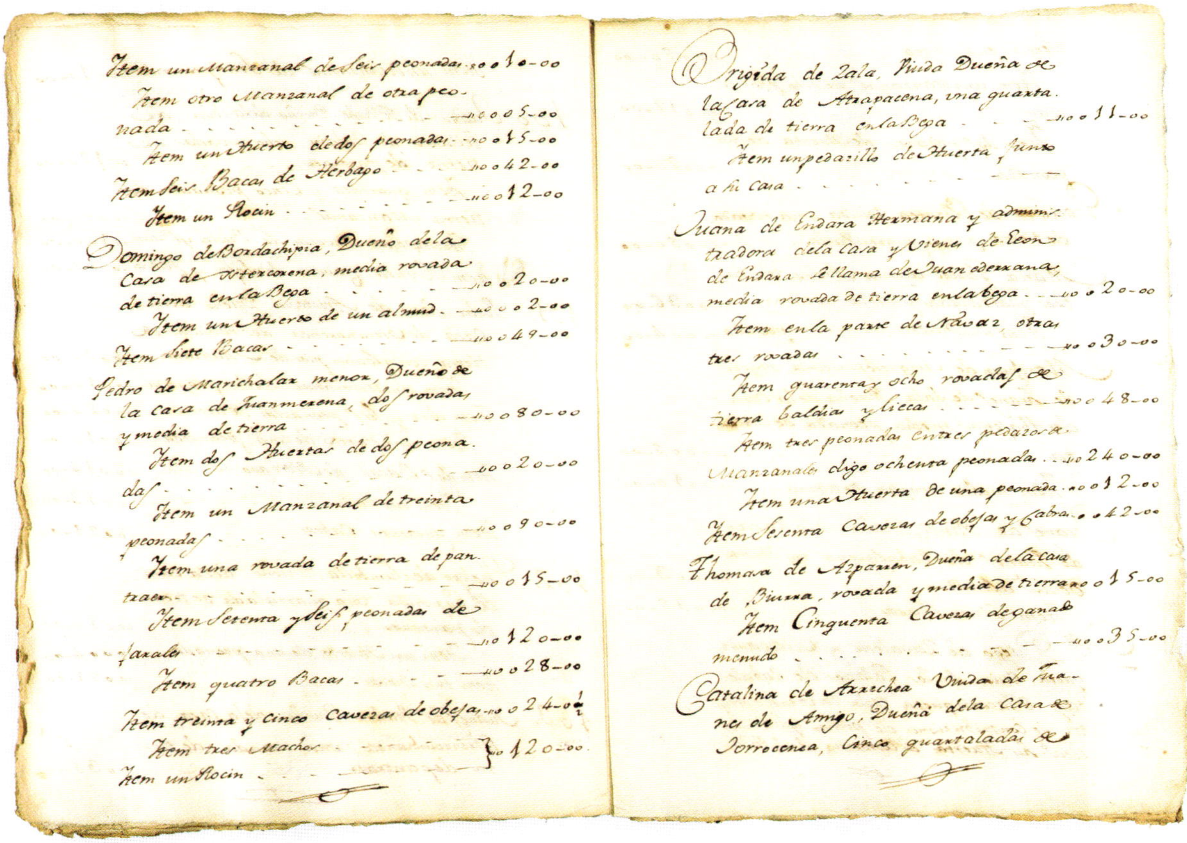

DOC. 8.2.

Valoración de la riqueza de la villa de Lesaca.

1607

AGN, CO_VALORACION, Leg. 26, N.4-2, fol. 19r

En 1607, por mandato de las Cortes de Navarra, todos los vecinos del reino debieron declarar sus bienes muebles y raíces. Quien declaraba era el cabeza de familia, y en villas como Lesaca algo más del 25% eran mujeres.

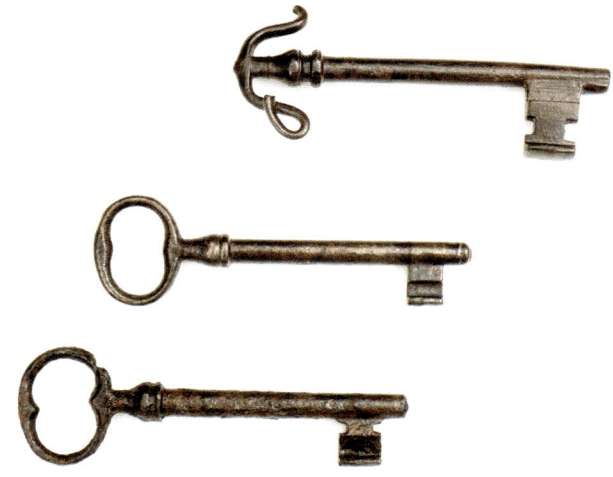

DOC. 8.3.

Juego de llaves de arcas y mobiliario doméstico.

Sangüesa, siglos XIX-XX

Museo Etnológico de Navarra Julio Caro Baroja, inv. 955

Las llaves representan el control que la mujer ejerce sobre el ámbito doméstico, en el que transcurre la mayor parte de su vida. La madre de familia no solo custodia la llave que da acceso a la casa, sino también las que protegen los lugares de almacenaje y las arcas en las que se guarda la ropa, producto en buena medida de su propio trabajo.

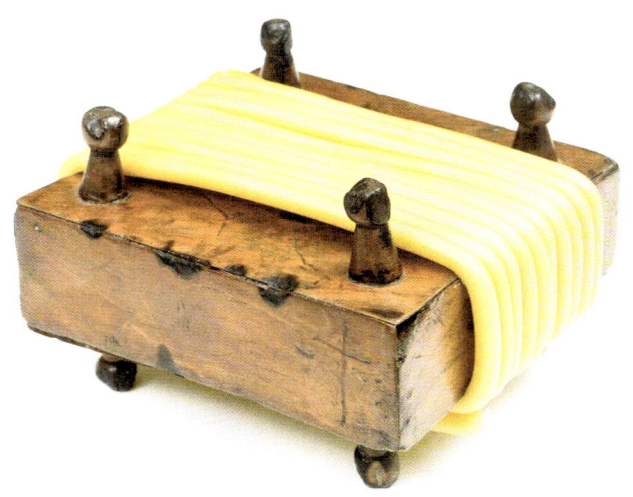

DOC. 8.4.

Argizaiola.

Vera de Bidasoa, primera mitad del siglo XX

Museo Etnológico de Navarra Julio Caro Baroja, inv. 10.595

En la parroquia de cada localidad, el espacio estaba perfectamente pautado: hombres y mujeres se sentaban separados; autoridades y privilegiados ocupaban puestos preferentes. No había bancos; las mujeres se sentaban sobre la tumba de sus antepasados, pues hasta finales del XVIII se enterraba en el interior de las iglesias. Llevaban la "argizaiola", una larga vela enrolla da, encendida con el fuego del hogar: una manera de conectar la casa con la sepultura, partes ambas del espacio doméstico gobernado por la mujer.

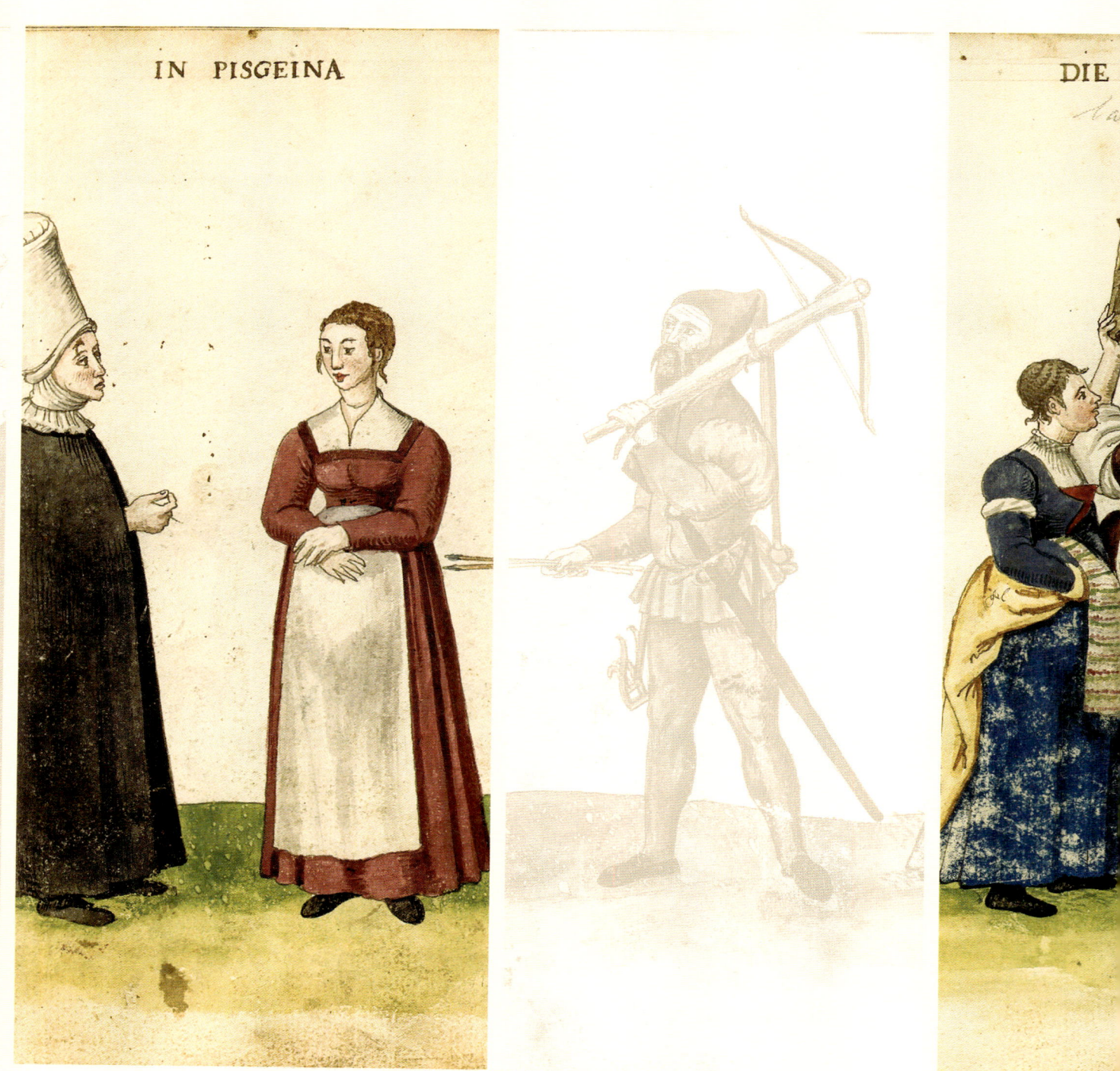

IN PISGEINA

DIE

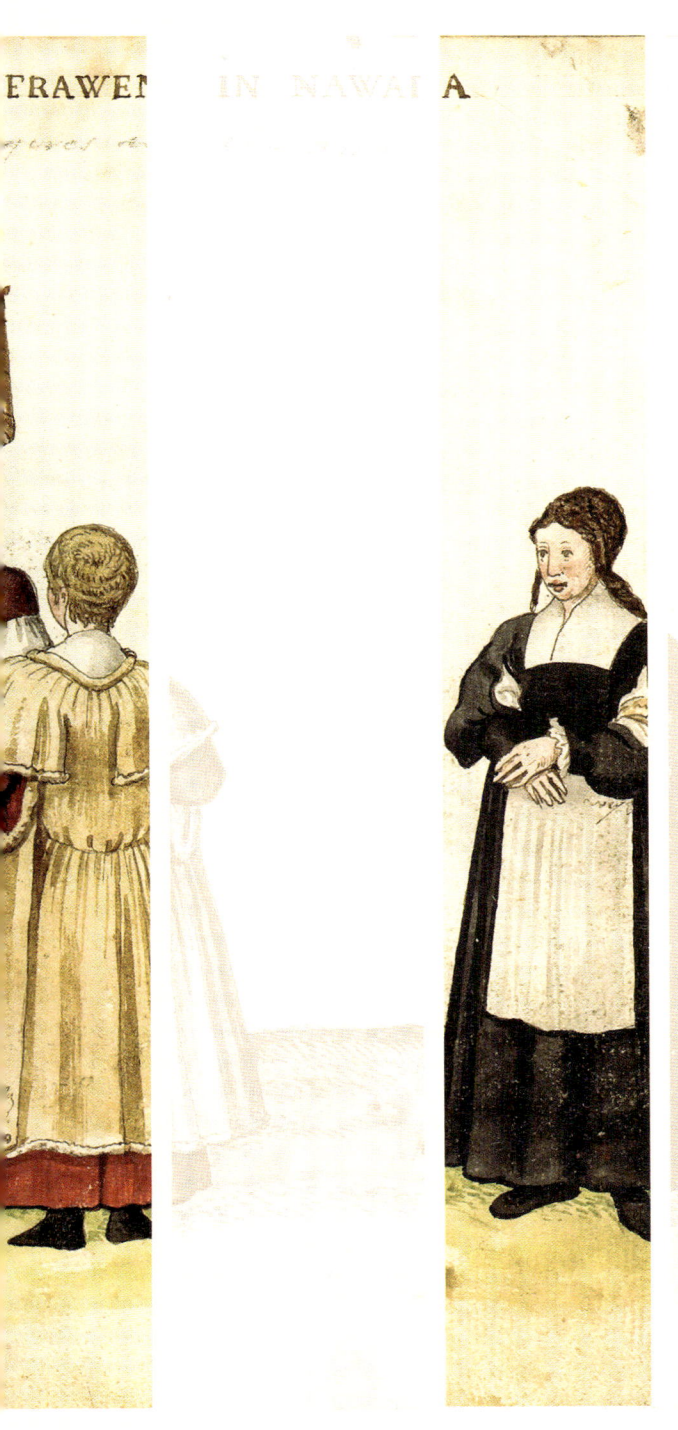

EL NEXO ENTRE EL VIEJO Y EL NUEVO MUNDO: **MARIANA** Y **FRANCISCA**

Mariana nació en Lesaca en casa Falkezenea hacia 1670, coincidiendo con el inicio de la "hora navarra". La escasez de recursos, junto con las noticias llegadas de América, impulsaron a los hermanos de Mariana a cruzar el Atlántico: Francisco se dirigió a Perú, y Juan a Guatemala. Este último amasó una importante fortuna. A petición del ayuntamiento de Lesaca, Juan de Barreneche realizó una extraordinaria donación que permitió rehacer la parroquia y decorar espléndidamente su interior. Mariana actuó como mediadora.

Francisca de Achutegui descendía de una familia hidalga vizcaína asentada en la dinámica y fronteriza Viana desde principios del XVI, donde se dedicaban al comercio. Hacia 1710 se casó con un comerciante bearnés recién establecido en Viana, Juan Castillo. En las Cortes de 1724, Castillo obtuvo la naturalización como navarro. En 1728, acuciado por las deudas, se fugó a América, de acuerdo con su mujer, quien quedó en Viana al frente de sus negocios.

Trajes de Navarra.

Alemania, 1546-1547

Biblioteca Nacional de España, Res/285

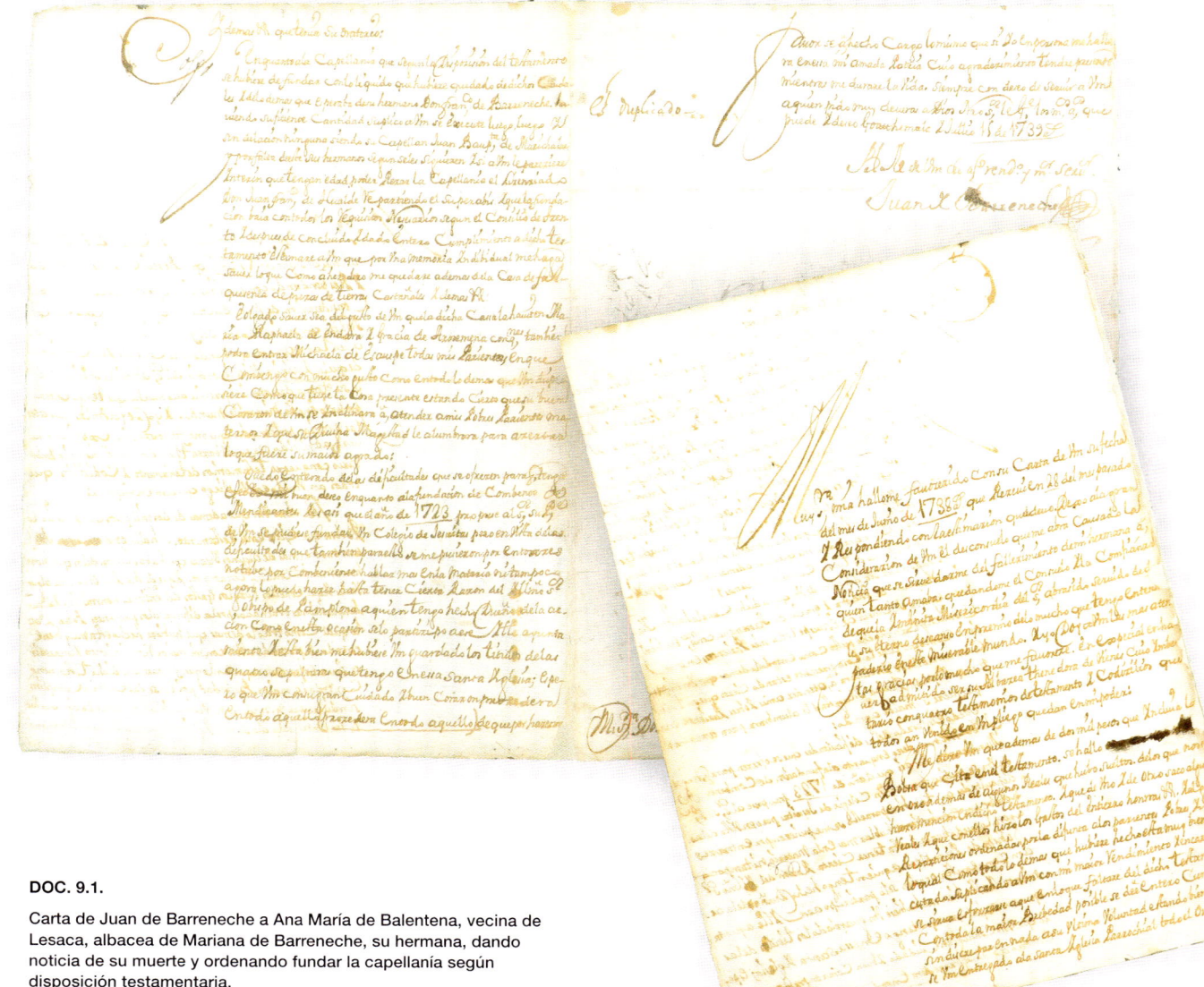

DOC. 9.1.

Carta de Juan de Barreneche a Ana María de Balentena, vecina de Lesaca, albacea de Mariana de Barreneche, su hermana, dando noticia de su muerte y ordenando fundar la capellanía según disposición testamentaria.

Lesaca, hacia 1749

AGN, Notaría de Lesaca, J. B. Sampaul, n. 6, 1749, fol. 23

Juan de Barreneche fue un vecino de Lesaca que, en torno a 1700, se estableció en Guatemala, donde amasó una fortuna. A solicitud del ayuntamiento de su villa natal, costeó el espléndido conjunto de esculturas de la parroquia. Aquí acusa recibo de la noticia de la muerte de su hermana Mariana en Lesaca, quien había actuado como mediadora.

DOC. 9.2.

Carta de Martín de Améscoa desde México a su cuñado Martín de Artieda y su hermana Gracia de Améscoa dando dinero para la dote de sus sobrinas y consejos para su matrimonio.

México, 12 de febrero de 1715

AGN, Consejo Real, proceso 092639, fols. 71r-73r

Martín de Améscoa, natural de Pamplona, se estableció en México a principios del siglo XVIII junto con dos hermanos suyos, y allí se dedicaron al comercio. En Navarra quedaron dos hermanas. Martín, que no llegó a casarse, se preocupó de enviarles remesas para que sus sobrinas pudieran contraer matrimonio de manera ventajosa.

82

DOC. 9.3.

Carta de Juan de Arana, vecino de Caparroso, comerciante en la Martinica, a su hermana María enviándole cacao, azúcar y una palangana de plata y anunciando el envío de 500 pesos, y a su sobrina con recomendaciones sobre la administración del dinero.

Martinica, 3 de enero de 1720

AGN, Corte Mayor, proceso 206417, fols. 17r-18v

Juan de Arana, natural de Caparroso, emigró a la Martinica (Antillas) hacia principios del siglo XVIII, y allí se dedicó al comercio. No se olvidó de su familia de origen, en particular de su hermana Josefa y los hijos de esta, a quienes hizo llegar dinero y géneros, como cacao, azúcar y una palangana nueva de plata.

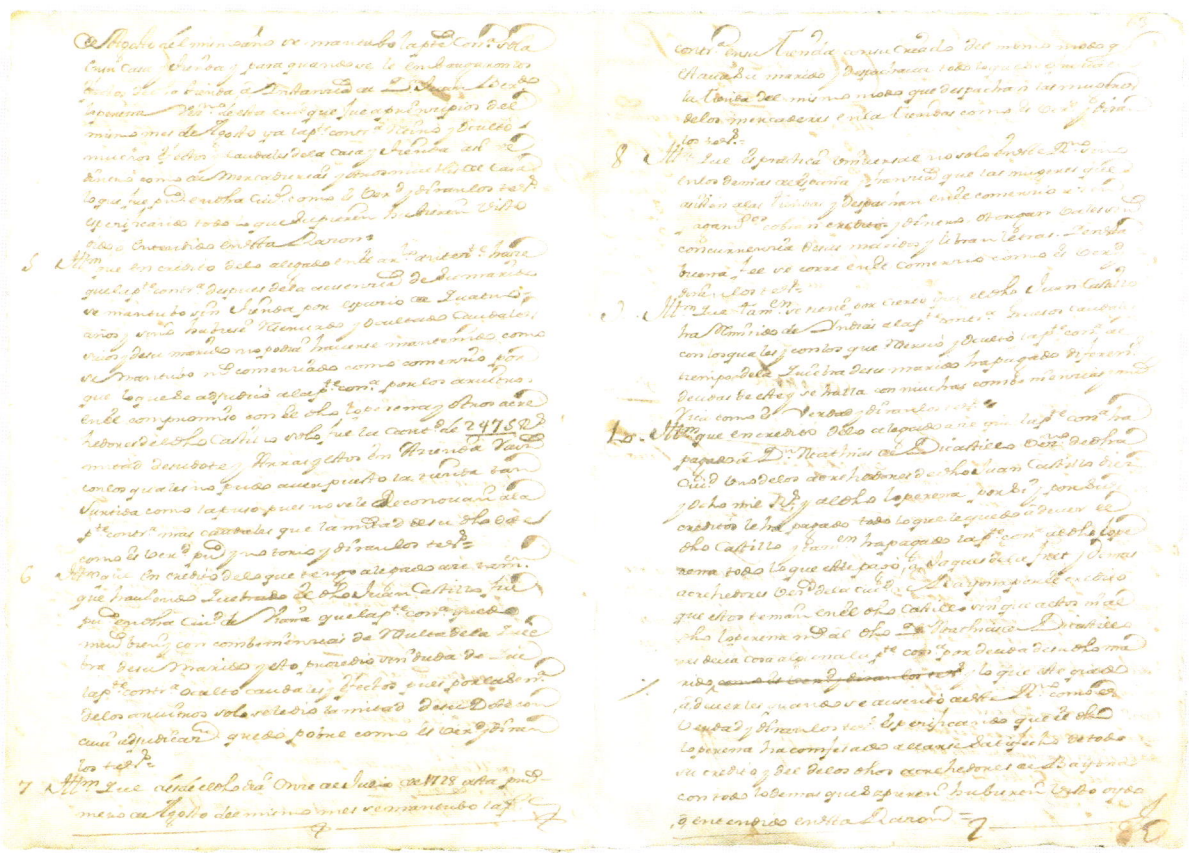

DOC. 9.4.

Pleito de Bernardo Lamota, natural de Francia y residente en Pamplona, contra María Francisca Achutegui, mujer de Juan Castillo, ausente, vecina de Viana, sobre pago de 1.298 reales de venta de mercancías.

Pamplona, 8 de mayo de 1739

AGN, Consejo Real, proceso 006085, fols. 62v-63r

Francisca de Achutegui y su marido, Juan Castillo, se dedicaban al comercio en la ciudad fronteriza de Viana. Endeudados y acosados por sus acreedores, en 1728 Juan se fuga a América y deja a Francisca en Viana. Ella intenta demostrar que su propia firma, sin licencia de su marido, no tiene validez, algo que sus acreedores niegan.

84

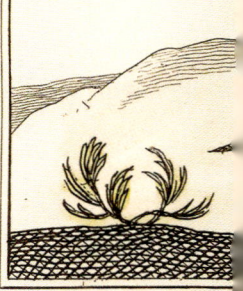

Roncalés.

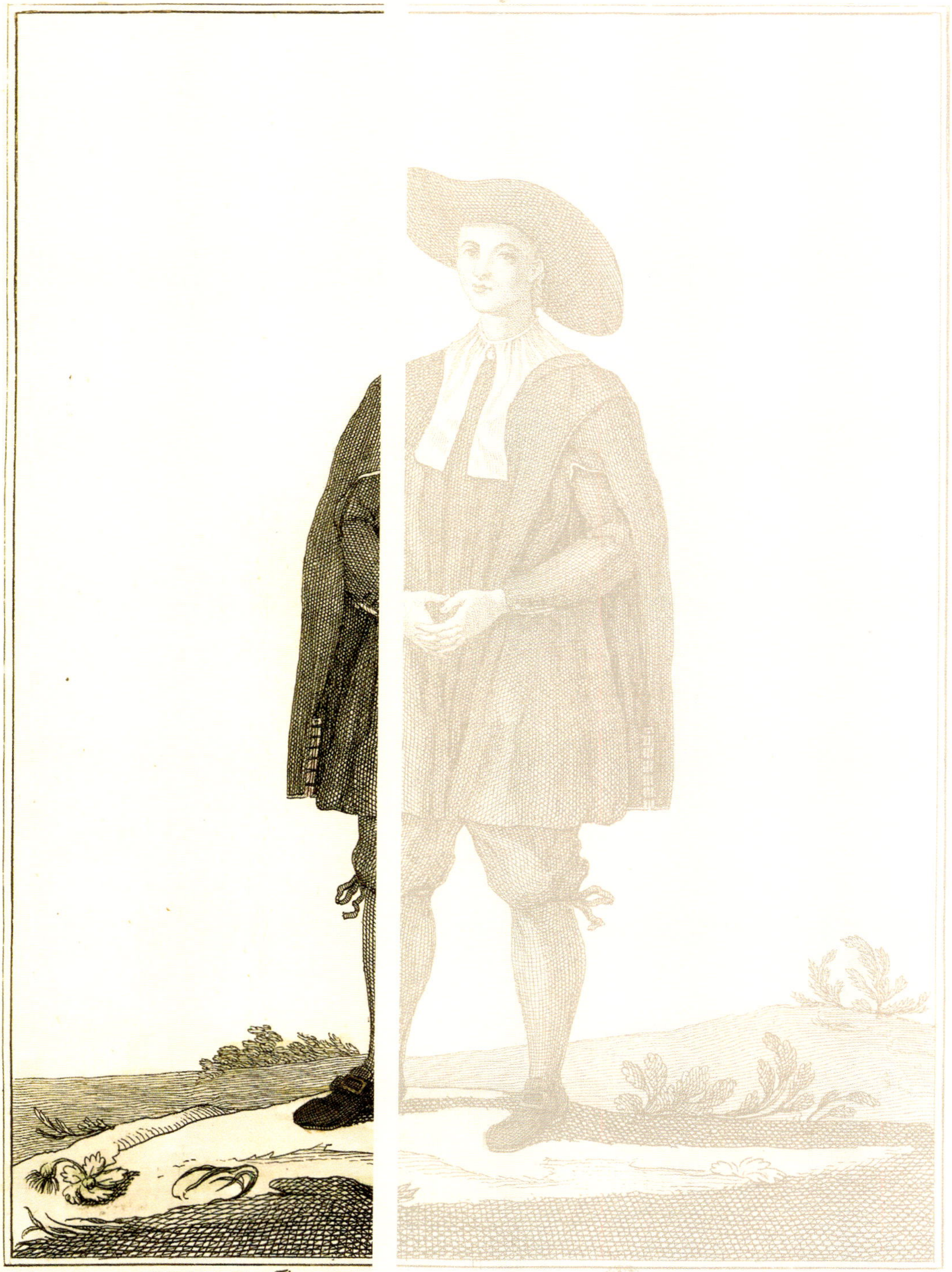

Villageois du Royaume de Navarre.

Ro...

Coleccion de Trages de España.

Recueil de plusieurs Habillements Espagnols.

Quinto quaderno que contiene doce figuras.

Cinquieme Cahier qui contient douce figures.

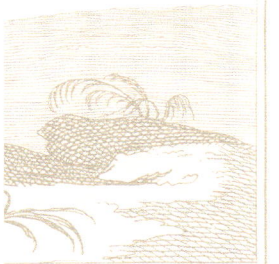

N. 50.

Villageoise du Royaume de Navarre

D.ª Juan de la Cruz sculp.

ROMPIENDO BARRERAS: ISABEL, FRANCISCA Y JOAQUINA

Isabel de Labayen (c. 1620-después de 1672) heredó la imprenta en la que habían trabajado su tío y su padre, Carlos y Martín de Labayen, en Pamplona. Al morir estos, la titularidad de la imprenta pasó al marido de Isabel, Diego de Zabala, por no poder desempeñar una mujer oficios mecánicos. Tras la muerte de Zabala, Isabel contrajo nuevas nupcias con Gaspar Martínez (1656), quien tras numerosos conflictos abandonó a su mujer, llevándose todo el utillaje de la imprenta. Entre 1669 y 1670 Isabel puso su nombre a unos pocos trabajos de impresión.

Francisca y Joaquina de Gages eran hijas de franceses establecidos en Pamplona; su padre, maestro tintorero, había arrendado el tinte del barrio de la Rochapea. Francisca casó con un comerciante piamontés, José Charon, quien se naturalizó como navarro. Al morir sus padres y Charon, las dos hermanas decidieron seguir adelante con estos negocios y solicitaron a las Cortes de Navarra su naturalización (1757). Se convirtieron así en las únicas mujeres en obtener la naturaleza de navarras, aunque no se les permitió entrar en las Cortes para el preceptivo juramento.

Roncalés y roncalesa. Grabados para la Colección de Trajes de España, sobre dibujos de María Agustina de Azcona, la primera navarra académica de la Real Academia de Bellas Artes de San Fernando en 1781.

Madrid, 1777

Bibliothèque nationale de France, Département des Estampes et photographie.

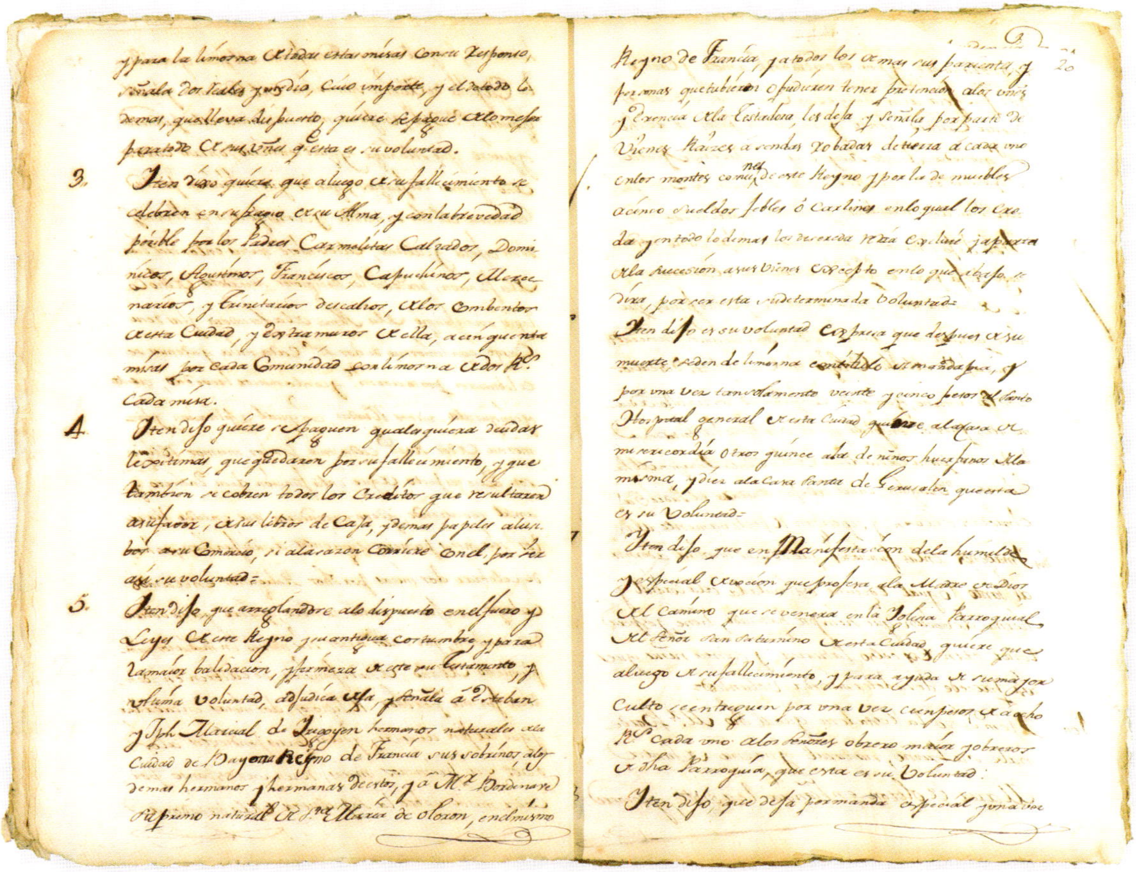

DOC. 10.1.

Testamento de Francisca de Gages. Proceso de José Charon, comerciante, contra Jose Antonio Berroeta, cabezalero testamentario de Francisca de Gages.

1792

AGN, Corte Mayor, proceso 276323, fol. 19v-20r

Francisca de Gages, junto con su hermana Joaquina, fue la primera mujer en solicitar y obtener la naturaleza de navarra en 1757. Dedicada al comercio junto con su marido, el piamontés José Charon, en su testamento recuerda a sus sobrinos franceses y deja un donativo para la Virgen del Camino de Pamplona.

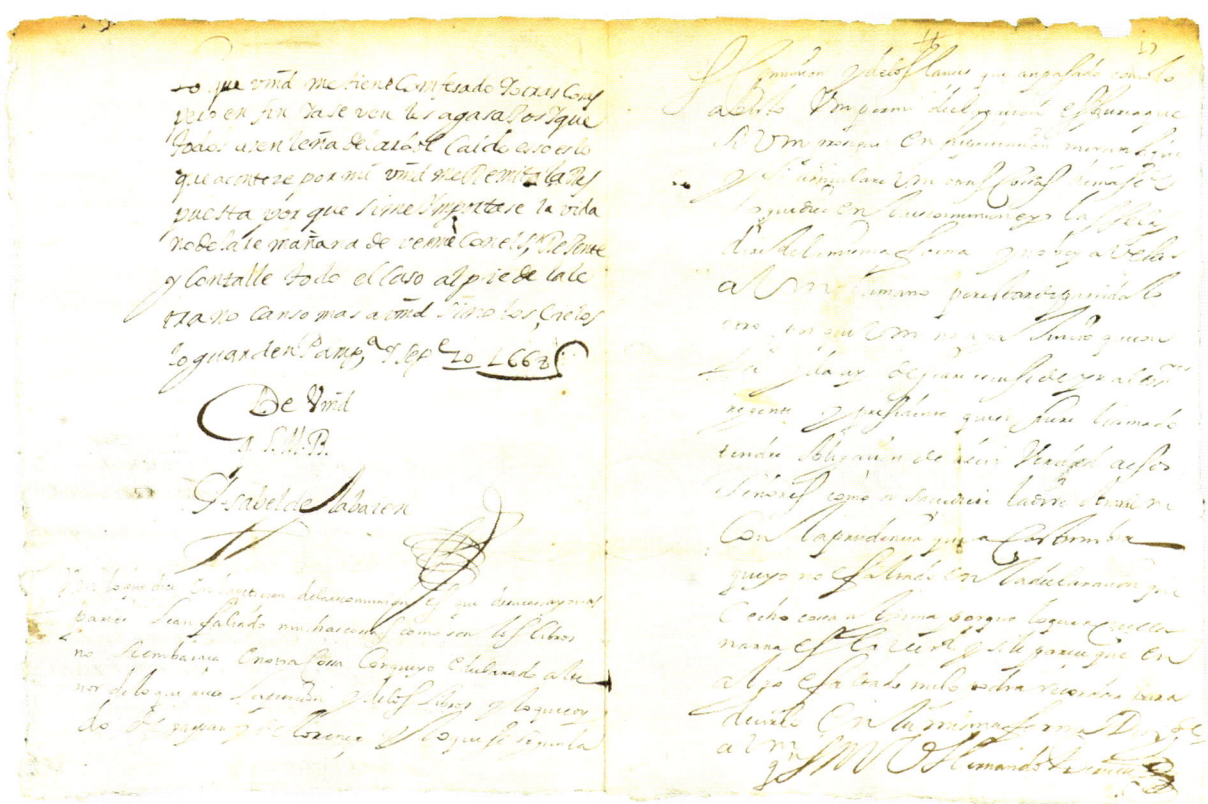

DOC. 10.2.

Proceso de Isabel de Labayen, apoderada de Martín Gregorio de Zabala, su hijo, contra Lorenzo Coroneu, mercader de libros y librero.

Pamplona, 1668

AGN, Corte Mayor, proceso 165001, fol. 16v

Isabel de Labayen, nacida en Pamplona hacia 1620, heredó de su tío y su padre el taller de imprenta y librería que regentaban. Casada dos veces con dos impresores, las discordias familiares le llevaron a imprimir bajo su propio nombre unos pocos trabajos, entre 1669 y 1670. En este proceso judicial contra un mercader de libros se encuentra una carta de su puño y letra con su firma.

88

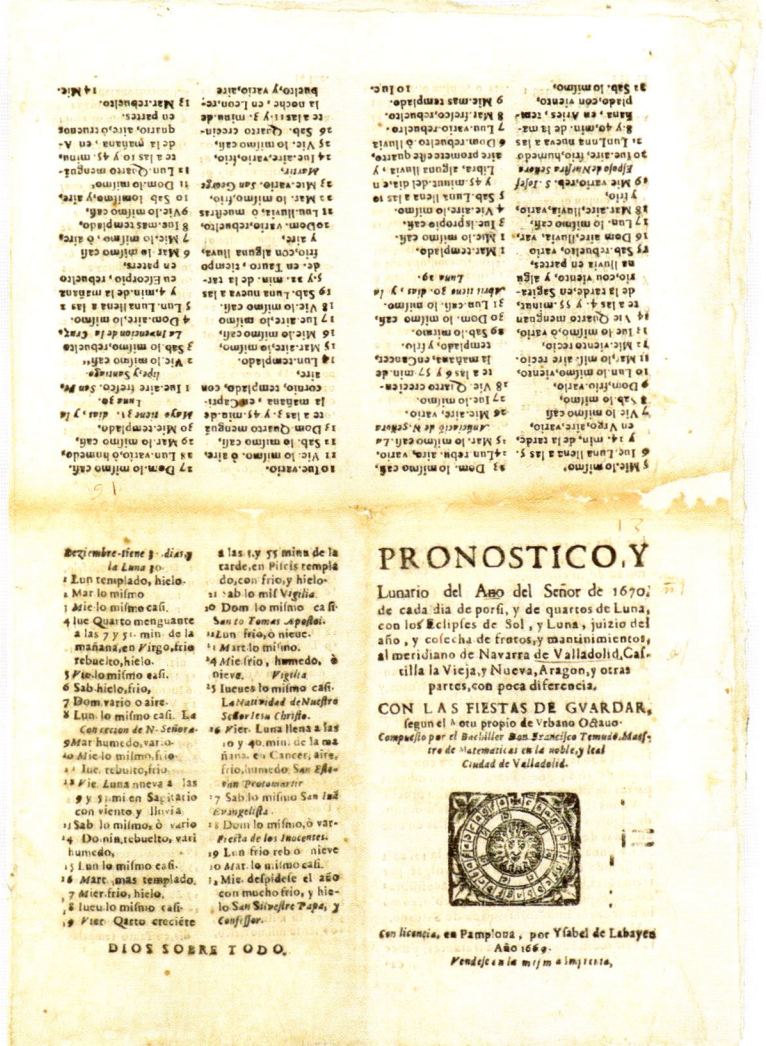

DOC. 10.3.

Calendario lunar, impreso por Isabel de Labayen.

Pamplona, 1670

AGN, Consejo Real, proceso 076675

Se trata de uno de los escasos trabajos impresos por Isabel de Labayen.

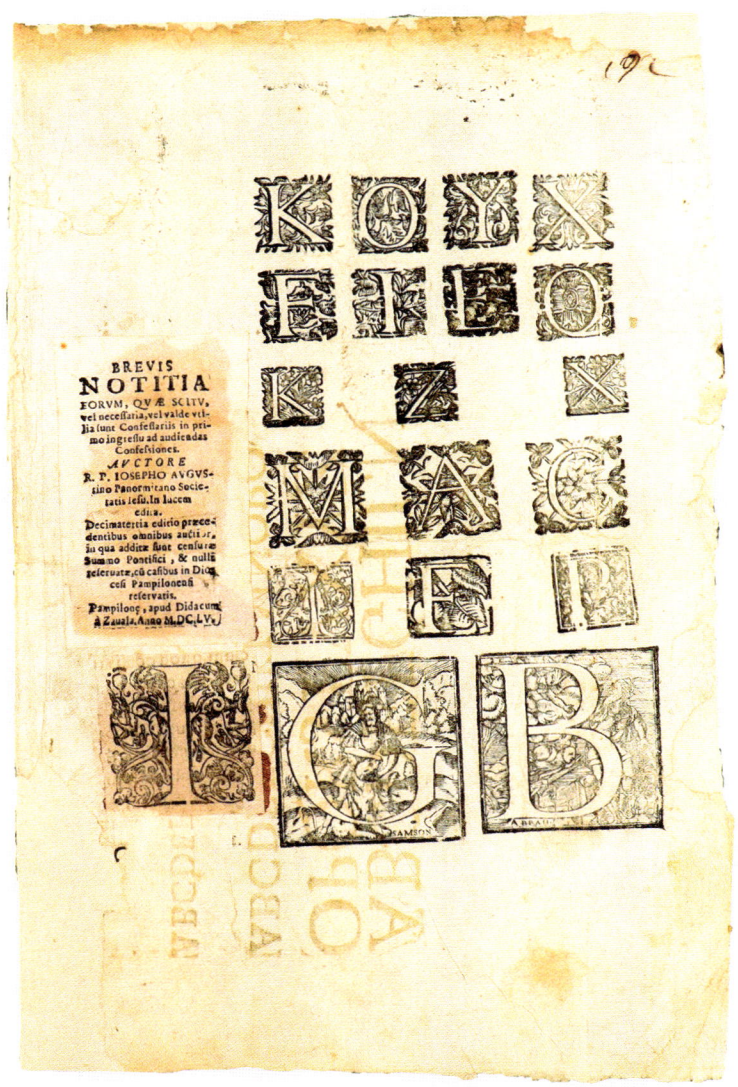

DOC. 10.4.

Modelos de letras de imprenta.

Pamplona, hacia 1672

AGN, Corte Mayor, proceso 179919, fol. 192r-v

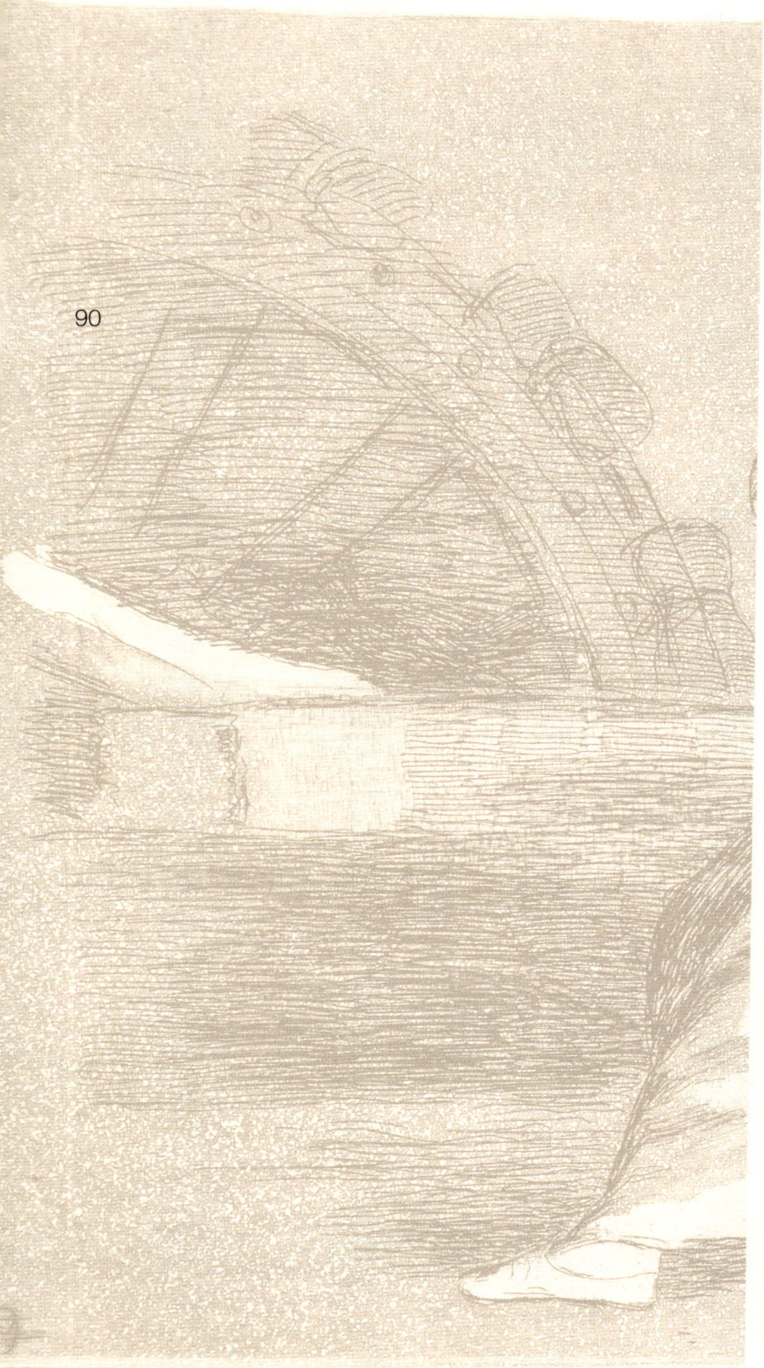

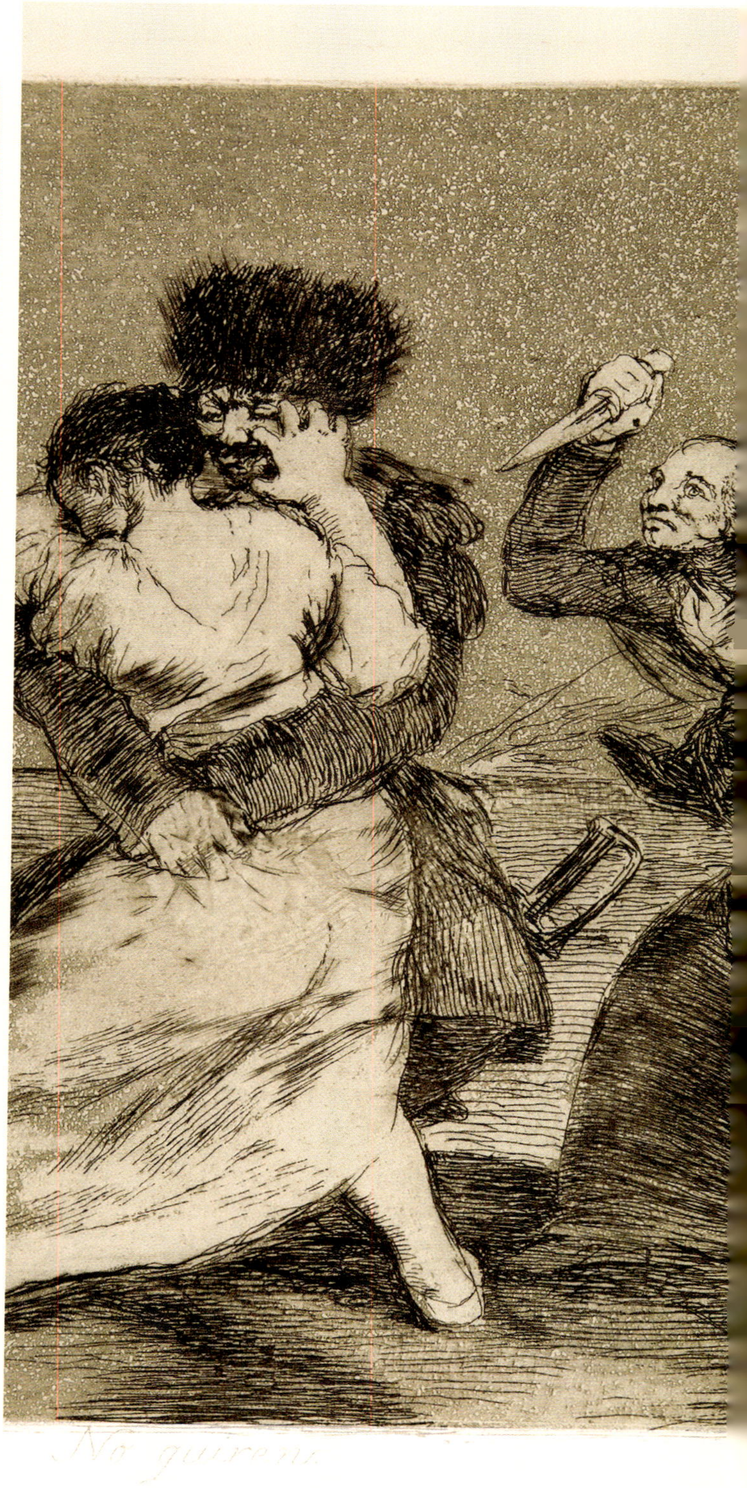

No quieren

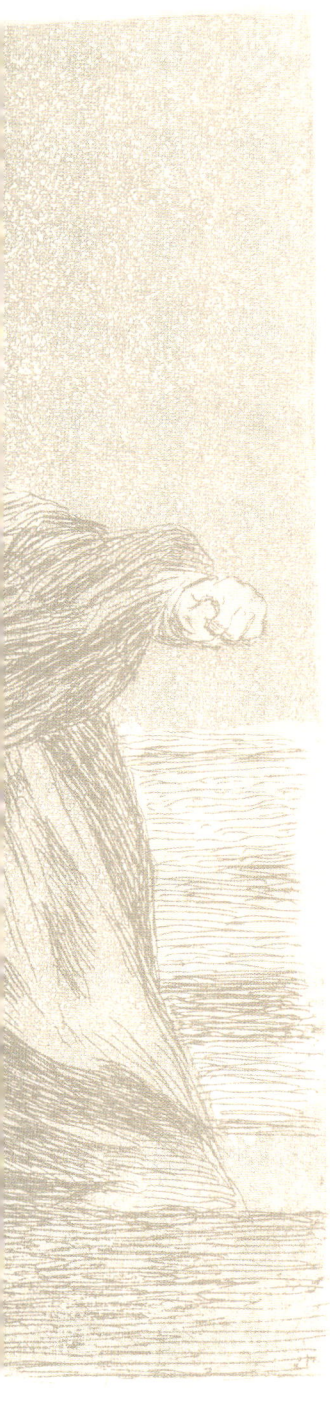

MALA VIDA Y MALOS TRATOS: LA VIOLENCIA DOMÉSTICA

Mala vida y malos tratos son dos conceptos que aparecen con frecuencia en los procesos judiciales conservados en el AGN para estos siglos. Pese a la importancia de la mujer en el ámbito doméstico, no hay duda de que sufrió con frecuencia menosprecio y violencia. Aunque los malos tratos a la mujer eran condenados por los moralistas y por la misma comunidad, y no faltan ocasiones en que fueron denunciados, la mujer era la parte más débil en una sociedad con valores marcadamente asimétricos para hombres y mujeres.

María de Viana, vecina de Tudela, murió hacia 1547 por los malos tratos de su marido, Miguel de Egüés. Este fue condenado a pagar una multa de diez ducados, por considerarse homicidio involuntario. Tras obtener el perdón de sus suegros y de Carlos I, a quien sirvió como soldado catorce años en Alemania e Italia, Egüés solicitó que se le dispensara del pago, por ser pobre. Para ello aportó el testimonio de sus suegros y del médico que atendió a María, quienes afirmaron que la muerte no fue provocada por las heridas, sino por la vida de excesos que llevaba la víctima.

No quieren.
Grabado de la serie *Los desastres de la guerra.*
Francisco de Goya
1810-1814
Museo Nacional del Prado

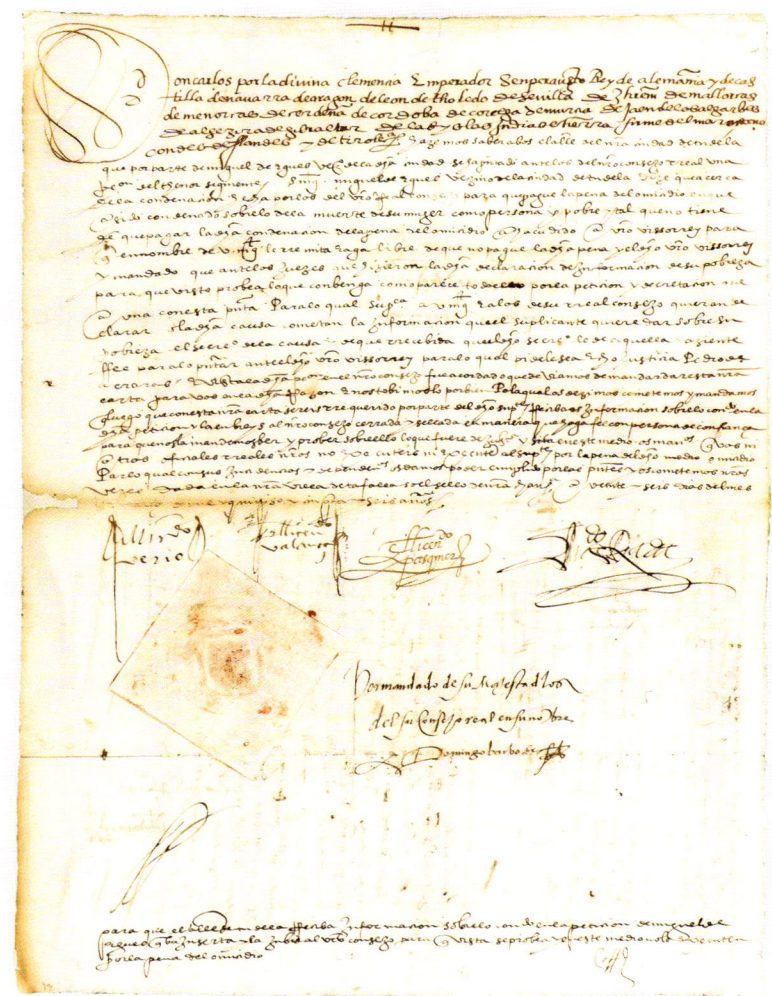

DOC. 11.1.

Carlos I de España, y en su nombre el virrey de Navarra, perdona a Miguel de Egüés la muerte de su esposa, María de Viana, ocurrida nueve años antes. Egüés había combatido catorce años como soldado al servicio del emperador en Alemania e Italia, y no se le habían pagado sus servicios.

Pamplona, 16 de febrero de 1556

AGN, Consejo Real, proceso 096444

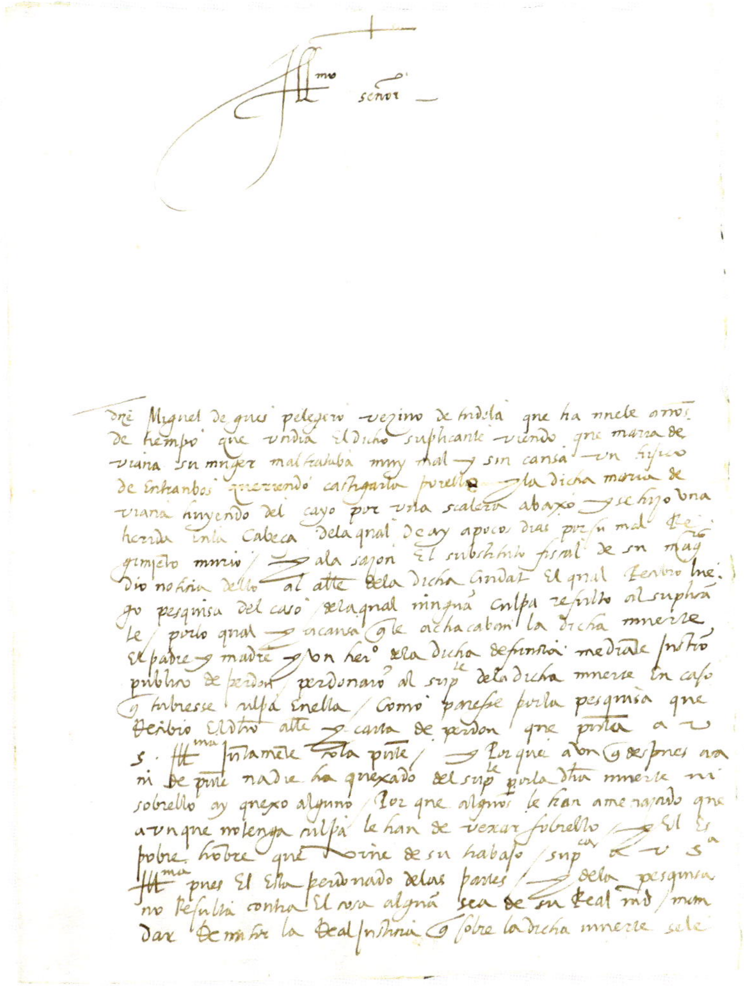

DOC. 11.2.

Pleito del fiscal contra Miguel de Egüés sobre malos tratos, agresión y homicidio a María de Viana: testimonio de Vitorián de Amador, vecino de Tudela.

Tudela, 12 de febrero de 1556

AGN, Consejo Real, proceso 096444, fol. 54

María de Viana fue una vecina de Tudela muerta en torno a 1547 después de caer por unas escaleras cuando escapaba de su marido, Miguel de Egüés. Este es condenado a pagar una multa de diez ducados. Sin embargo, alega que no puede pagar por ser pobre; además, consigue que tanto sus suegros como el médico que atendió a María y otros testigos declaren que esta murió por sus excesos con la comida y bebida, no por las heridas.

94

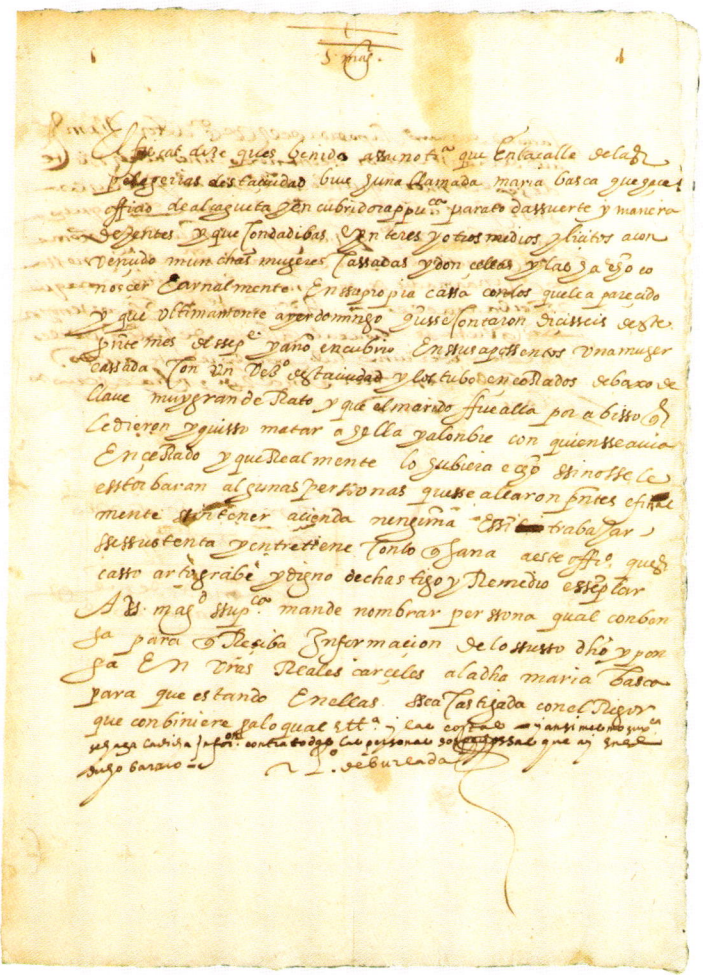

DOC. 11.3.

Pleito del fiscal contra María de San Juan sobre alcahuetería y lenocinio.

Pamplona, 1577

AGN, Corte Mayor, proceso 212153, fol. 1

María de San Juan, conocida como "la Basca", vivía en 1577 en el barrio de la Magdalena de Pamplona. Fue acusada de alcahuetería. Las protestas de sus vecinos la obligaron a cerrar la casa y trasladarse al barrio de la Pellejería, en el burgo de San Cernin, donde alquiló un aposento con puertas a dos calles, lo que le permitió continuar con la prostitución.

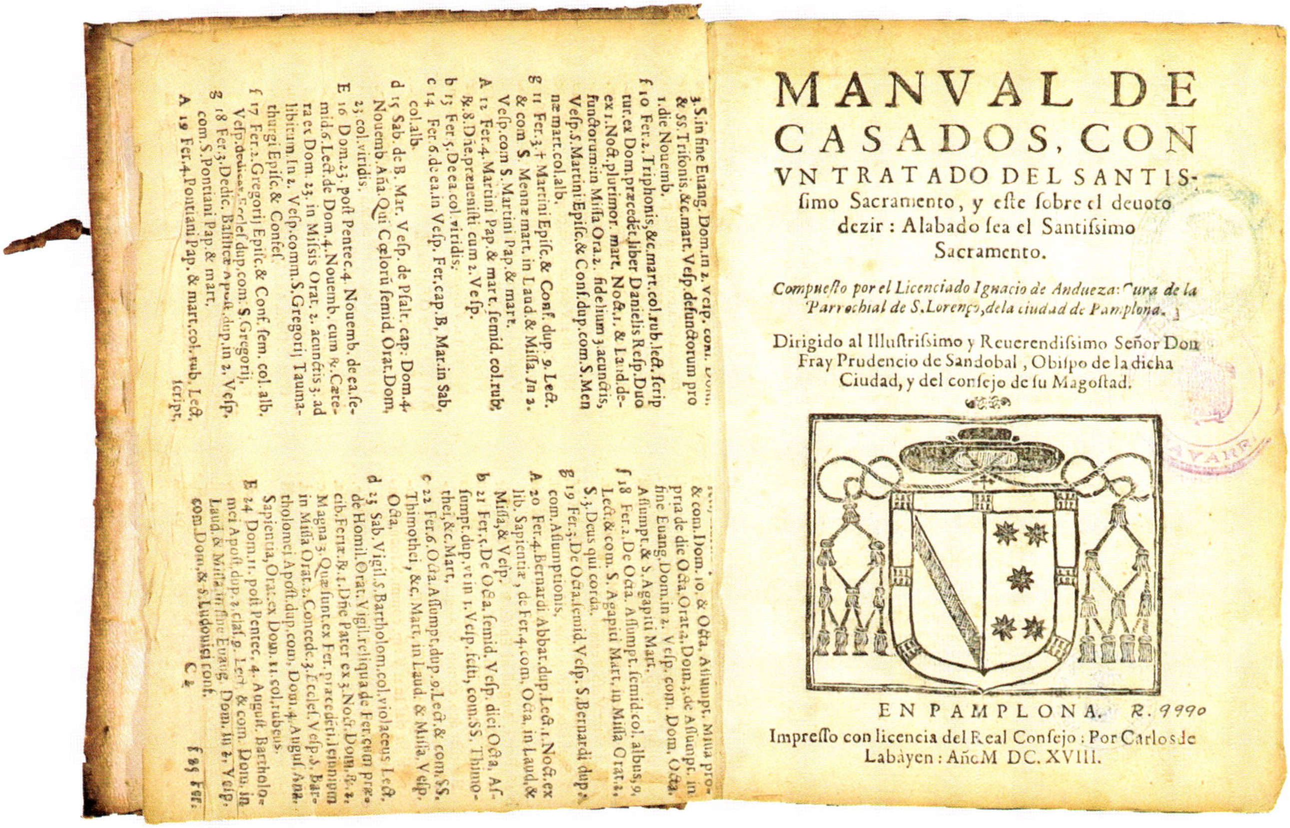

DOC. 11.4.

Manual para casados, publicado en 1628 por Ignacio de
Andueza, sacerdote pamplonés de la parroquia de San Lorenzo.

Pamplona, 1628

Biblioteca de Navarra, FA/7881

Aconseja a los maridos cristianos que no gobiernen su casa por
medio del miedo y no ejerzan violencia sobre sus mujeres, sino que
las traten con dulzura.

676   Lib. IV. Tit. III. De los Adulterios,

culpa de parte del amo, sin cumplir el tiempo de su servicio, demàs de la pena de el Fuero, que habla de criados, y criadas, que les priva de lo servido, y les mandan pagar lo que han comido, estè preso en la carcel un mes, y sea desterrado por medio año una legua al rededor del tal Lugar: Y el que en su servicio al tal criado, ò criada, sin haver precedido el consentimiento del amo, con quien hà estado, tenga de pena quarenta libras, aplicadas por tercias partes: la una para el acusador, y la otra para la Camara, y Fisco de vuestra Magestad, y la tercera para el Juez, que lo sentenciàre, y efectuàre.

Decreto.   *A lo qual respondèmos, que se guarden las Leyes, y Fueros, que acerca de esto hablan: y que quando los casos por el capitulo referido se ofrecieren, ternèmos cuenta con lo que el Reino pide, haciendo justicia en todo.*

LEY VI.

QUE SE HAGA CASA DE LA Galera para mugeres sensuales.

Pamplona Año 1684. Ley 25.   EL vicio contagioso de la sensualidad và cada dia en aumento, y hà hechado tantas raìces, que conviene aplicar todos los medios possibles para arrancarlas, ò à lo menos para procurar minorarle, y embarazar tanperniciosos progressos, reconociendo lo mucho que conviene para el servicio de ambas Magestades. Y la experiencia hà mostrado, que para las mugeres que viven libremente divertidas, no basta el medio de que regularmente se usa, que es el de desterrarlas; pues haviendo destruido con esta peste los Luga-

res de donde las destierran, lo que se saca con esto es, que vàn à otros en los quales introducen de nuevo el mismo contagio, ò se buelven con mañas à los mismos Lugares à donde vivian con escandalo, para acabarlos de perder, portandose con tal cautela con el disimulo, que quando se llega à saber, yà han causado gravissimos daños. Y para ocurrir à todos en quanto se pudiere, nos hà parecido conveniente el hacer luego una casa, que comunmente se llama de la galera, para mugeres perdidas, à expensas de nuestro vinculo, para que la Justicia justificado el delito mande poner en ella las mugeres à quienes comunmente por estos excessos las destierran, y en lo demàs que conduce à esto se tome la providencia conviniente, conforme à los capitulos siguientes.

Primeramente, que justificada la causa se hayan de mandar en la galera las mugeres libianas, que conocida, y pùblicamente lo son, quedando esto al prudente arbitrio de los Jueces.

Item, que en las causas de esta calidad, por lo mucho que conviene la brevedad, se restrinjan los terminos de la prueba, reduciendose à que se haya de hacer en la Real Corte dentro de quatro dias, con todos cargos de conclusion, y que para la suplicacion al Consejo no tenga mas de dos dias, sin que en èl con ningun pretexto se les conceda termino nuevo de prueba, sino que con los mismos autos se haga sentencia.

Item, que en los casos en que los Alcaldes ordinarios, que tienen jurisdicion criminal procedieren en estas causas, hayan de remitir la sentencia con los autos; para que haciendose consulta con la Corte, y Consejo

"Que se haga casa de la galera para mujeres sensuales".

Novissima Recopilación de las Leyes del Reino de Navarra, Pamplona, 1735, libro IV, título 3, ley VI (t. 2, pág. 676).

AGN, BIBLIOTECA, FBA/73

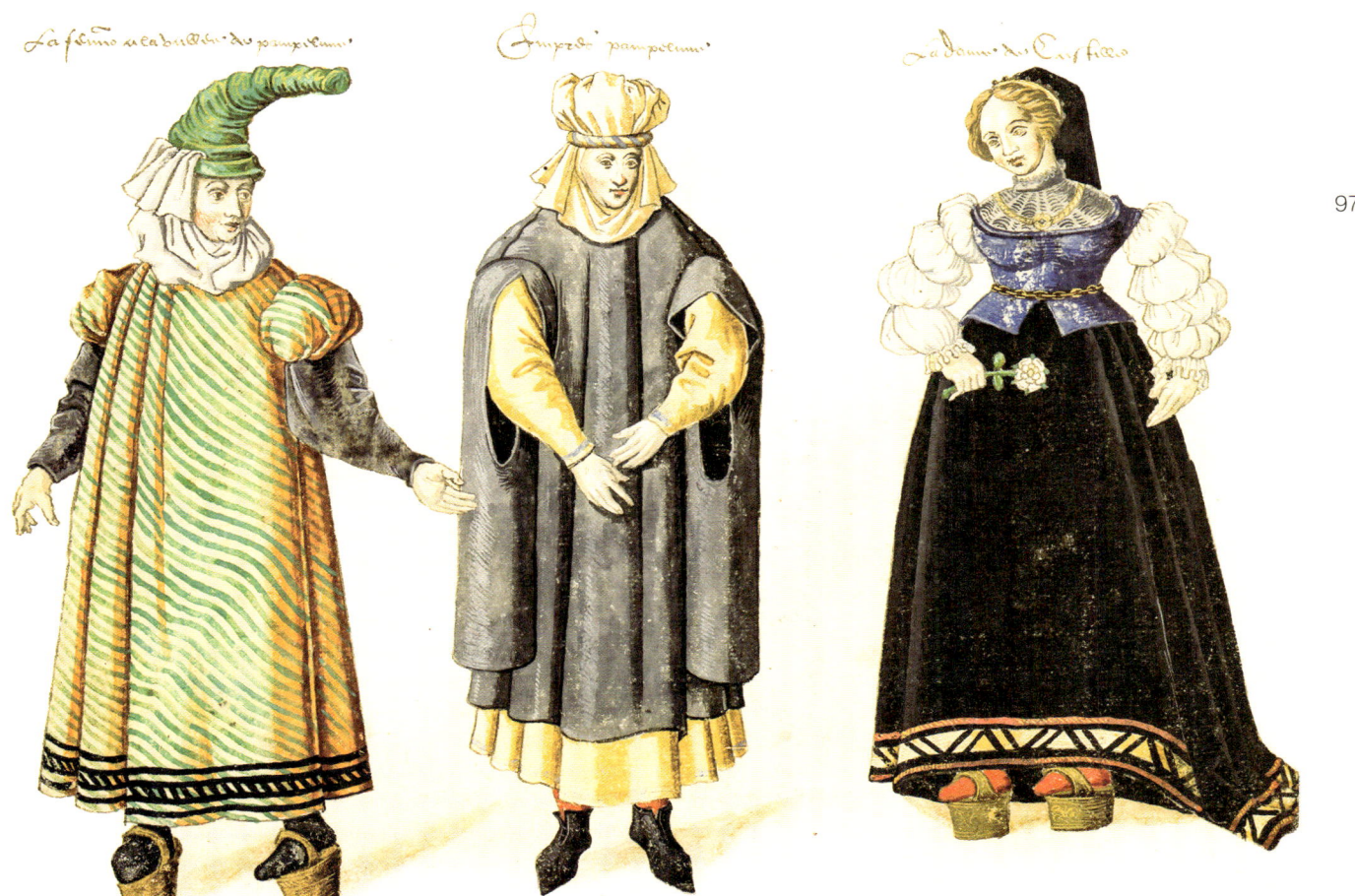

Campesinas de la Cuenca de Pamplona y mujer de Estella.

Anónimo francés, 1572

Bibliothèque nationale de France,
Département des Estampes et photographie.

SIGLOS XIX-XX

CAMINO A LA EMANCIPACIÓN

El tiempo histórico de la contemporaneidad vino marcado por el triunfo de la revolución liberal: los principios de "libertad, igualdad y fraternidad" pusieron las bases de una nueva sociedad, en la que quedó garantizada la igualdad ante la ley, el acceso universal a la educación y la participación política de los ciudadanos. Todo ello unido a los enormes cambios que el avance de la industrialización trajo en paralelo pareció abrir una etapa llena de oportunidades para el desarrollo personal de hombres y mujeres.

Ciertamente, en el siglo XIX hubo libertades y progreso, pero no fueron iguales para todos: partiendo de las diferencias naturales entre ambos sexos, el sistema liberal distinguió una esfera pública, reservada al varón, de una esfera privada o doméstica, propia de la mujer, ensalzada como madre y educadora de los futuros ciudadanos, si bien claramente supeditada al hombre en su situación jurídica y económica. El modelo ideal femenino difundido fue el del "ángel del hogar".

No obstante, de forma paulatina distintas voces defendieron la emancipación de la mujer, reclamando la igualdad de derechos, ya fueran estos civiles, sociales (básicamente a la educación y al trabajo) o políticos. Y así, en el tiempo que transcurre entre fines del XIX y la II República, se inició una tímida legislación laboral que mejoró las condiciones de trabajo fuera del hogar de las mujeres, a las que ya no se puso trabas para el acceso a la Universidad y a las que, desde 1931, se reconoció el derecho al voto.

Dolores Baleztena en un mitin carlista durante la II República.
Hacia 1933
Colección particular.

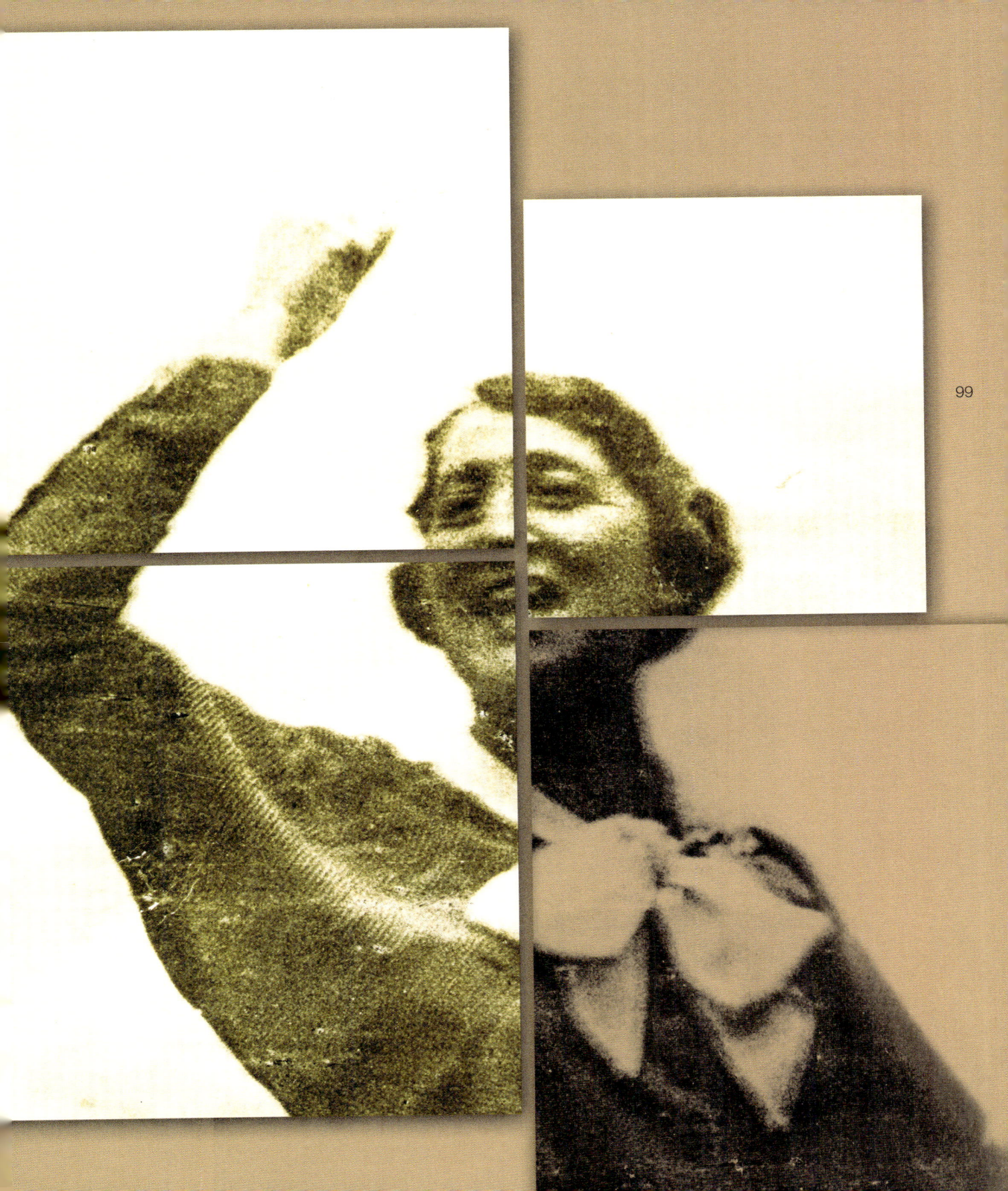

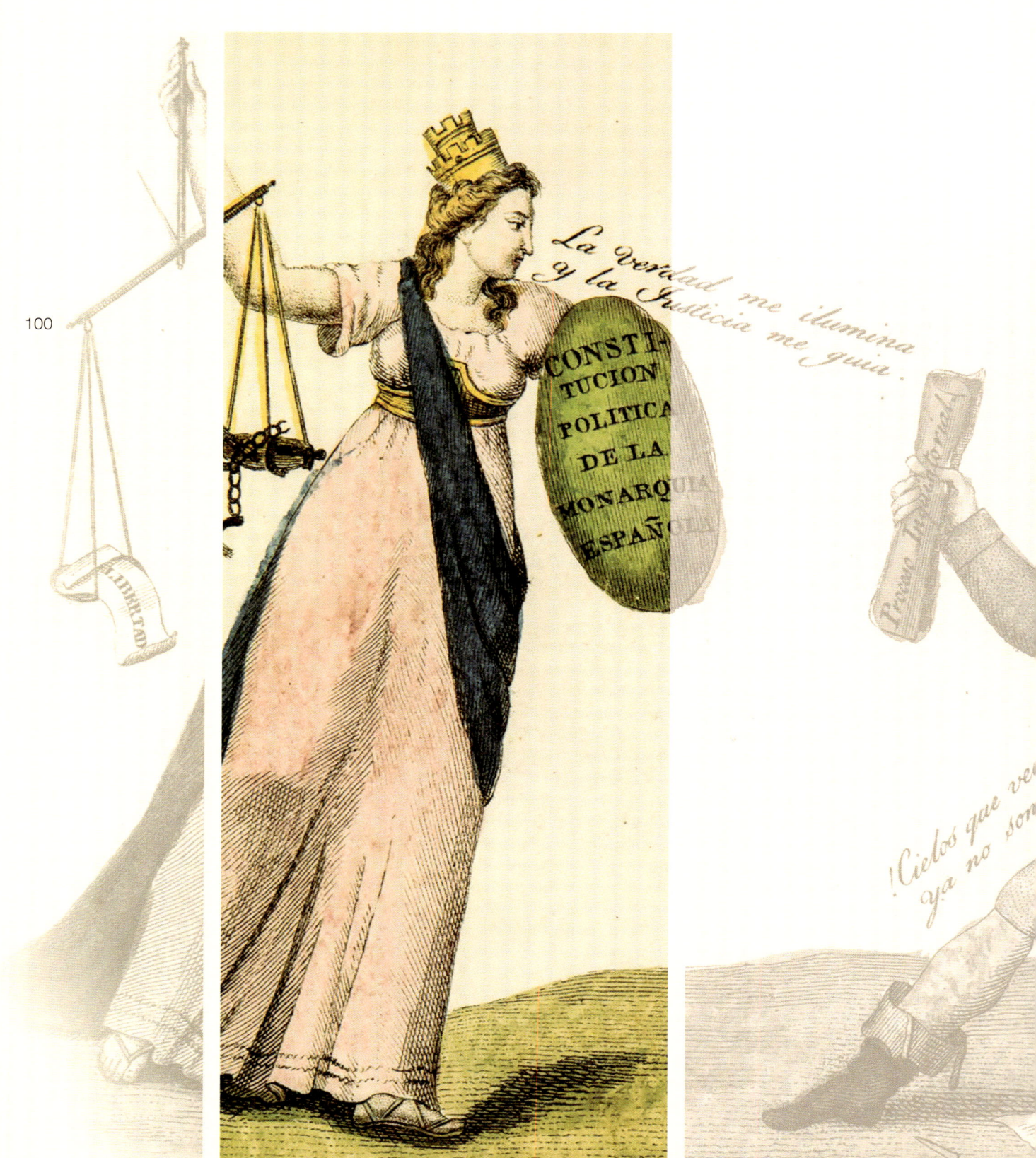

La verdad me ilumina y la Justicia me guia.

CONSTI-TUCION POLITICA DE LA MONARQUIA ESPAÑOLA

LIBERTAD

¡Cielos que ve ya no son

DEFENSORAS DE UNA CAUSA: MICAELA Y JOAQUINA

Tres guerras inauguran la edad contemporánea: la de la Independencia, la realista y la carlista. En la primera se luchó contra un enemigo común, el invasor francés, pero las otras dos fueron guerras civiles en las que se enfrentaron dos visiones del mundo, la liberal y la tradicional. Aquel tiempo de excepción sacó de sus hogares a muchas mujeres navarras que, haciendo suyos los ideales de cada bando, colaboraron en la retaguardia, socorrieron a los combatientes o actuaron como correos o espías.

Micaela Cabrera fue una ferviente defensora de las ideas liberales en tiempos de la guerra realista, que acabaría procesada por "adhesión al sistema constitucional" en su villa de Lerín tras la represión decretada en 1823 por Fernando VII. Ella representa a la activa minoría de liberales navarros.

Joaquina Goldáraz, de Zugarramurdi, por su parte, encarna la causa carlista, mayoritaria en esta tierra, por la que se implicaría en la guerra de 1833-39 confeccionando uniformes para el ejército de D. Carlos y pasando información a Francia.

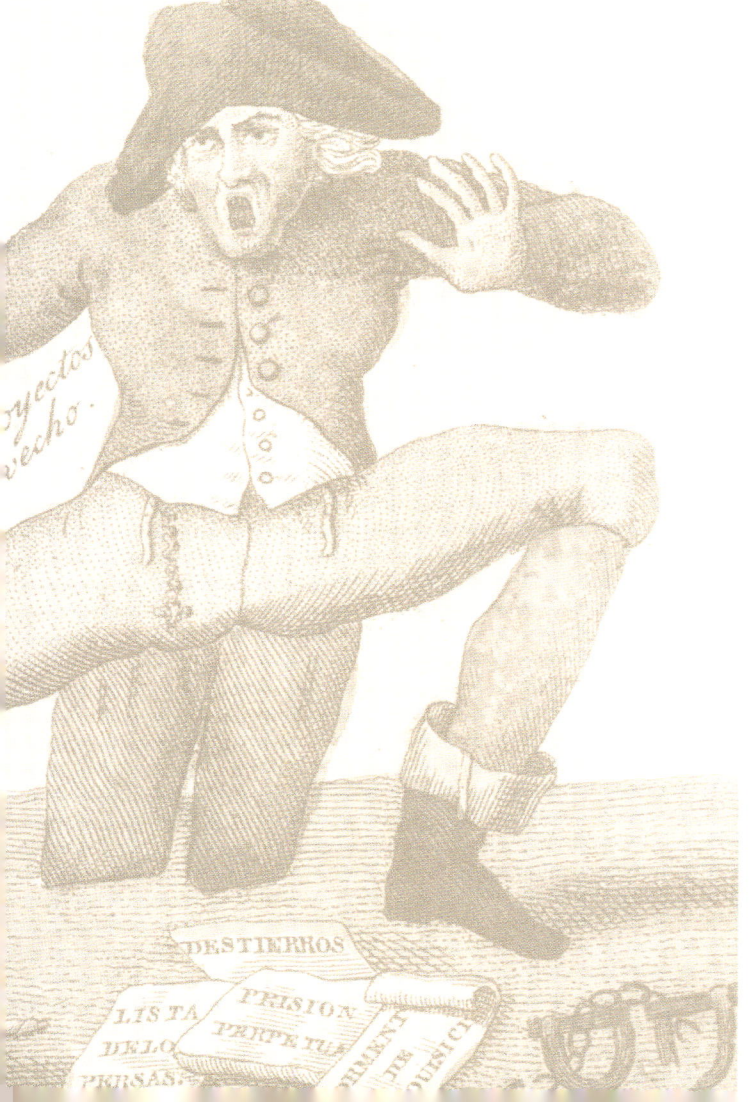

El Persa aterrado delante de la Constitución.

España, hacia 1820

Museo de Historia de Madrid. Inv. 2132

102

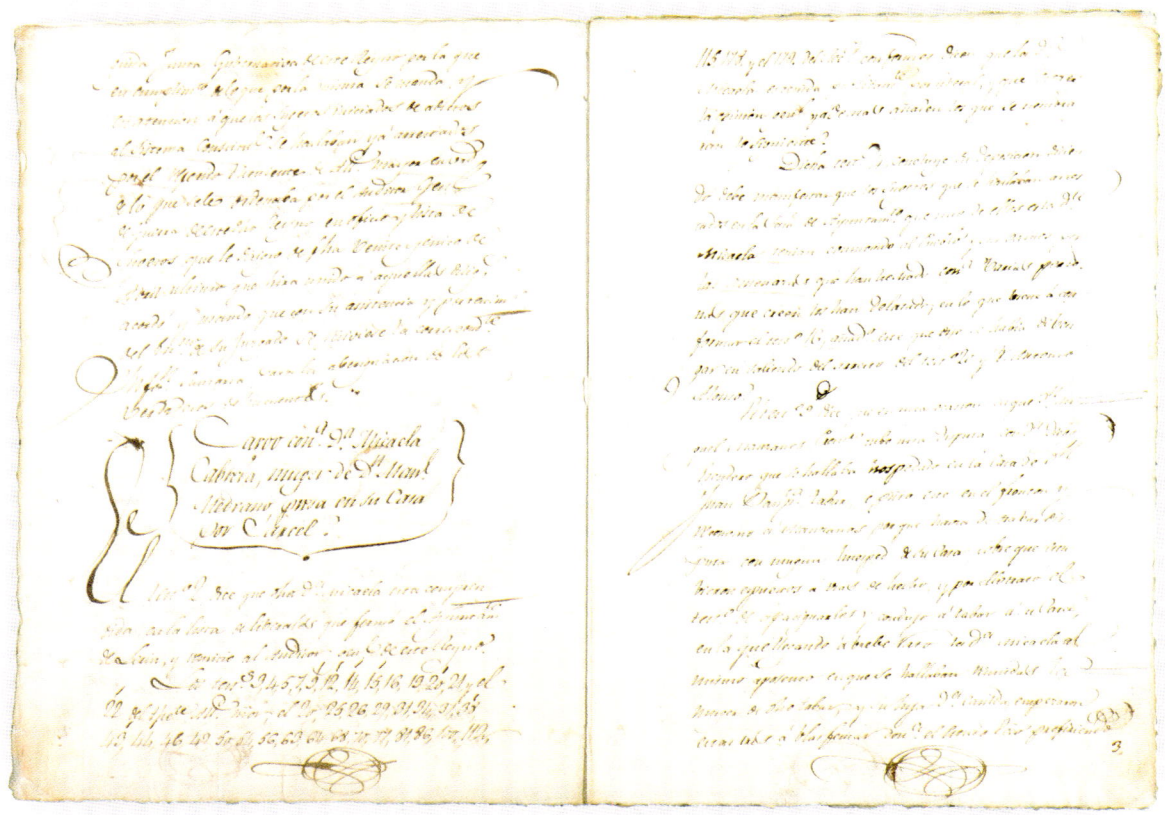

DOC. 12.1.

Pleito del fiscal contra Micaela Cabrera, mujer de Manuel María Medrano, vecina de Lerín, sobre adhesión al sistema constitucional.

1823

AGN, Corte Mayor, proceso 184399, fols. 2v-3r

Cantar cánticos revolucionarios, insultar al rey y la religión o llevar la cinta verde portadora del lema "Constitución o muerte" eran algunos de los principales cargos contra las mujeres liberales represaliadas.

DOC. 12.2.

Carta dirigida a Joaquina Goldáraz, vecina de Zugarramudi, donde queda claramente de manifiesto su papel de enlace de la correspondencia carlista con Francia a través de una red de muchachas de la zona.

Bayona, 29 de mayo de 1834

Museo del Carlismo, INV CE 01243

A su testimonio habría que añadir el de otras muchísimas mujeres de ambos bandos que quedaron en la más absoluta pobreza y marginación a consecuencia de la guerra.

104

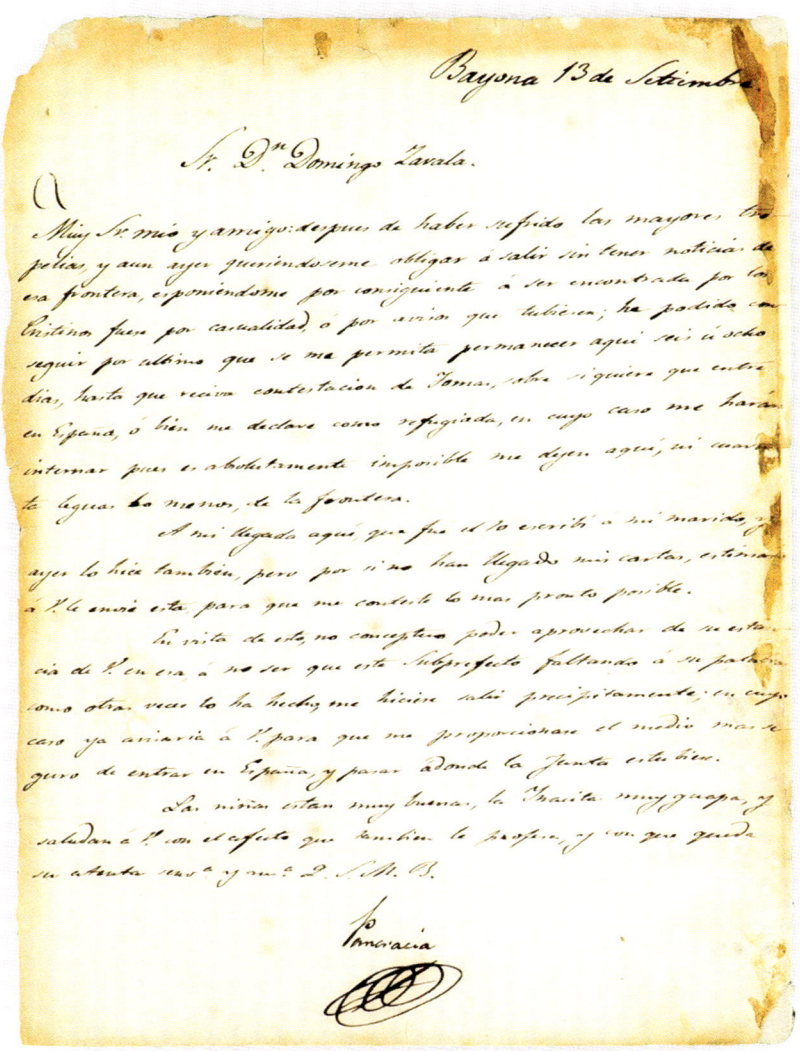

DOC. 12.3.

Carta de Pancracia Ollo, mujer del general Zumalacárregui, dando cuenta de las tropelías sufridas en Francia tras su forzado exilio.

Bayona, 13 de septiembre de 1834

AGN, Junta Gubernativa Carlista, Leg. 9, N. 24

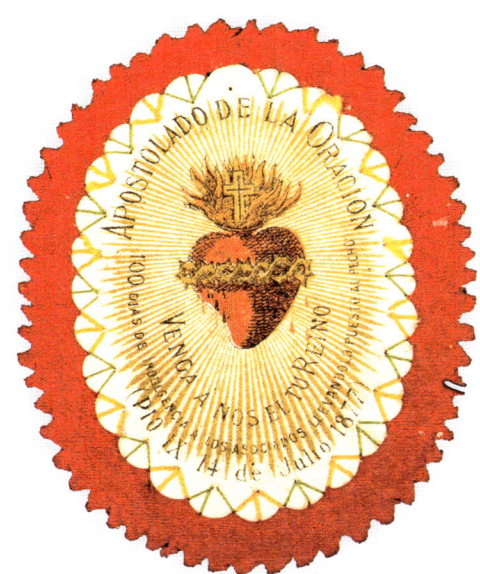
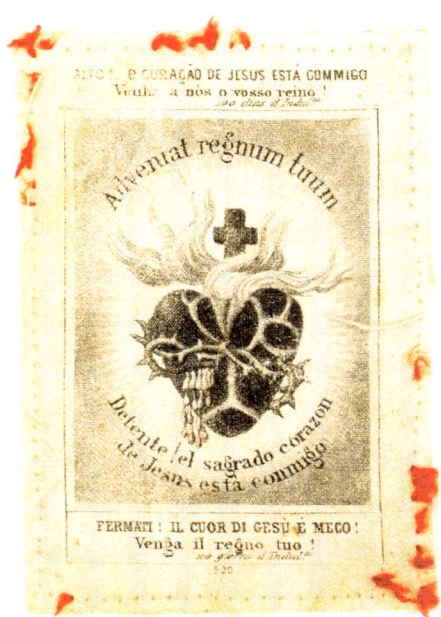

DOC. 12.4.

Detente bala.

Siglo XIX

Museo del Carlismo, CE00320, CE00321

Bordado por mujeres y prendido sobre la ropa de los soldados, el detente bala con la imagen del Sagrado Corazón de Jesús fue un distintivo de los combatientes carlistas en la guerra de 1872-76.

NÚMERO DE MUJERES PROCESADAS POR ADHESIÓN AL SISTEMA CONSTITUCIONAL (1823-1826)

En las relaciones nominales de procesos conservadas se registra un total de 199 mujeres encausadas como liberales, si bien es muy posible que su número fuera mayor. Provenían de toda la geografía navarra, aunque con preferencia de la capital y de ciudades y pueblos de la Ribera y zona Media.

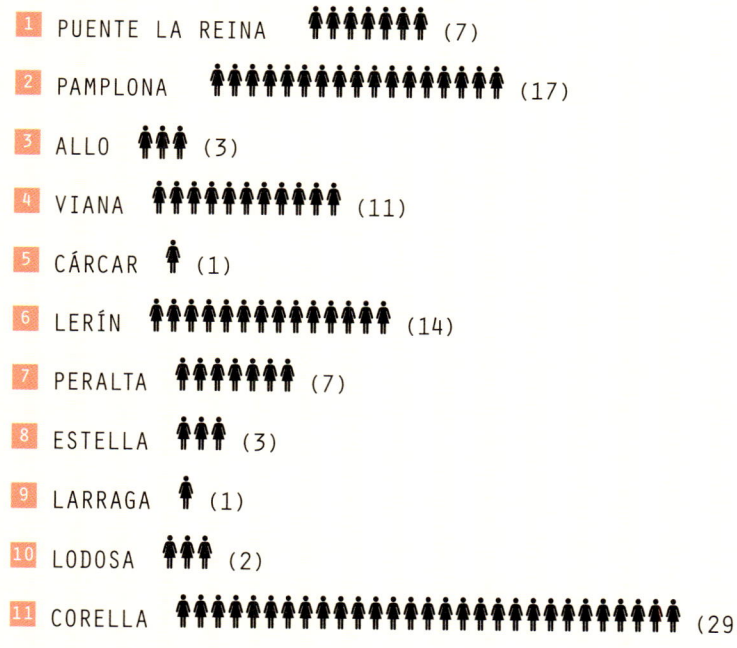

1 PUENTE LA REINA (7)
2 PAMPLONA (17)
3 ALLO (3)
4 VIANA (11)
5 CÁRCAR (1)
6 LERÍN (14)
7 PERALTA (7)
8 ESTELLA (3)
9 LARRAGA (1)
10 LODOSA (2)
11 CORELLA (29)

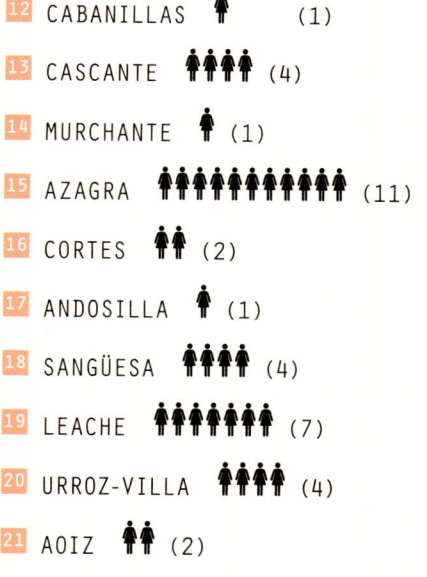

12 CABANILLAS (1)
13 CASCANTE (4)
14 MURCHANTE (1)
15 AZAGRA (11)
16 CORTES (2)
17 ANDOSILLA (1)
18 SANGÜESA (4)
19 LEACHE (7)
20 URROZ-VILLA (4)
21 AOIZ (2)
INDETERMINADO (66)

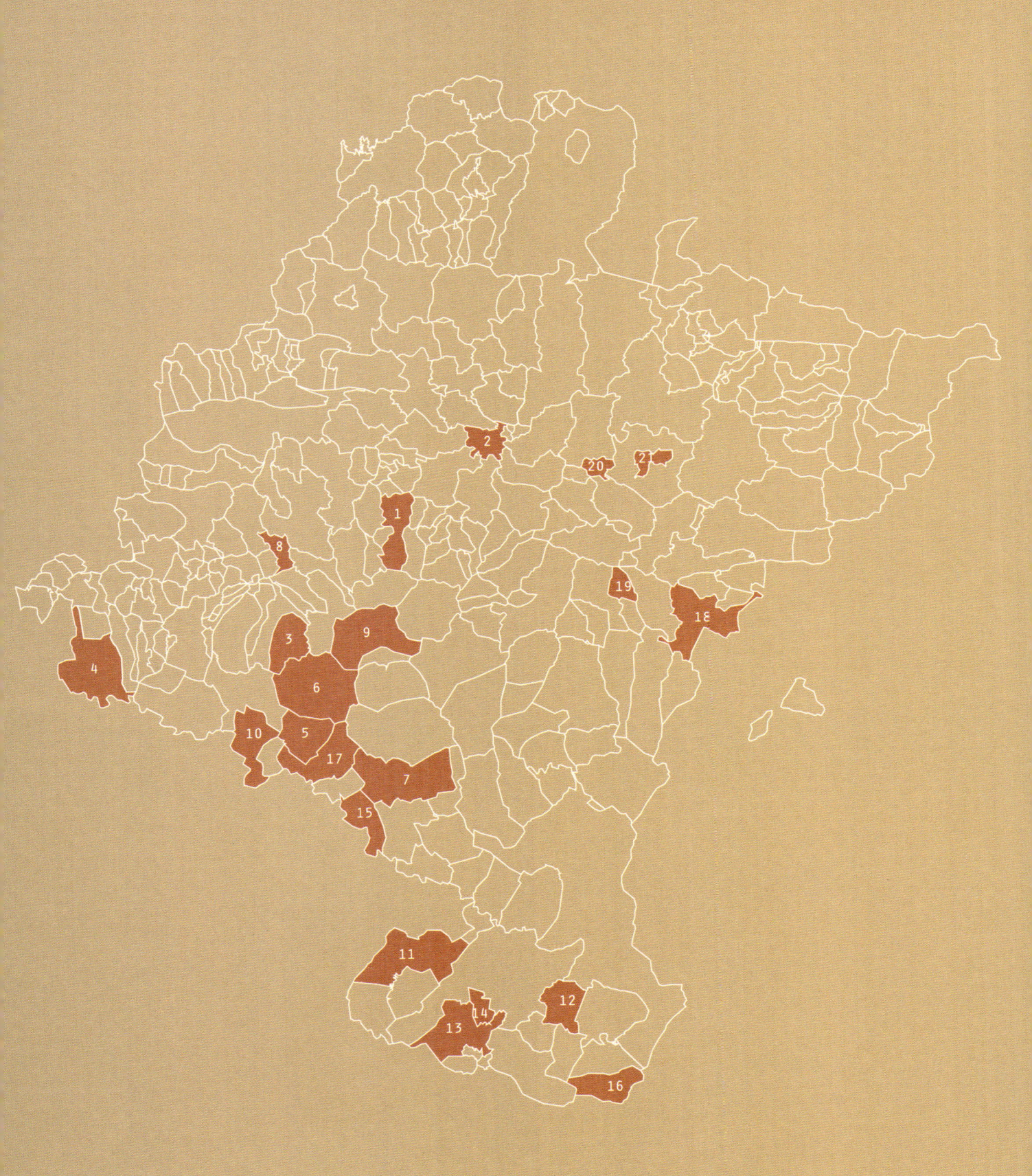

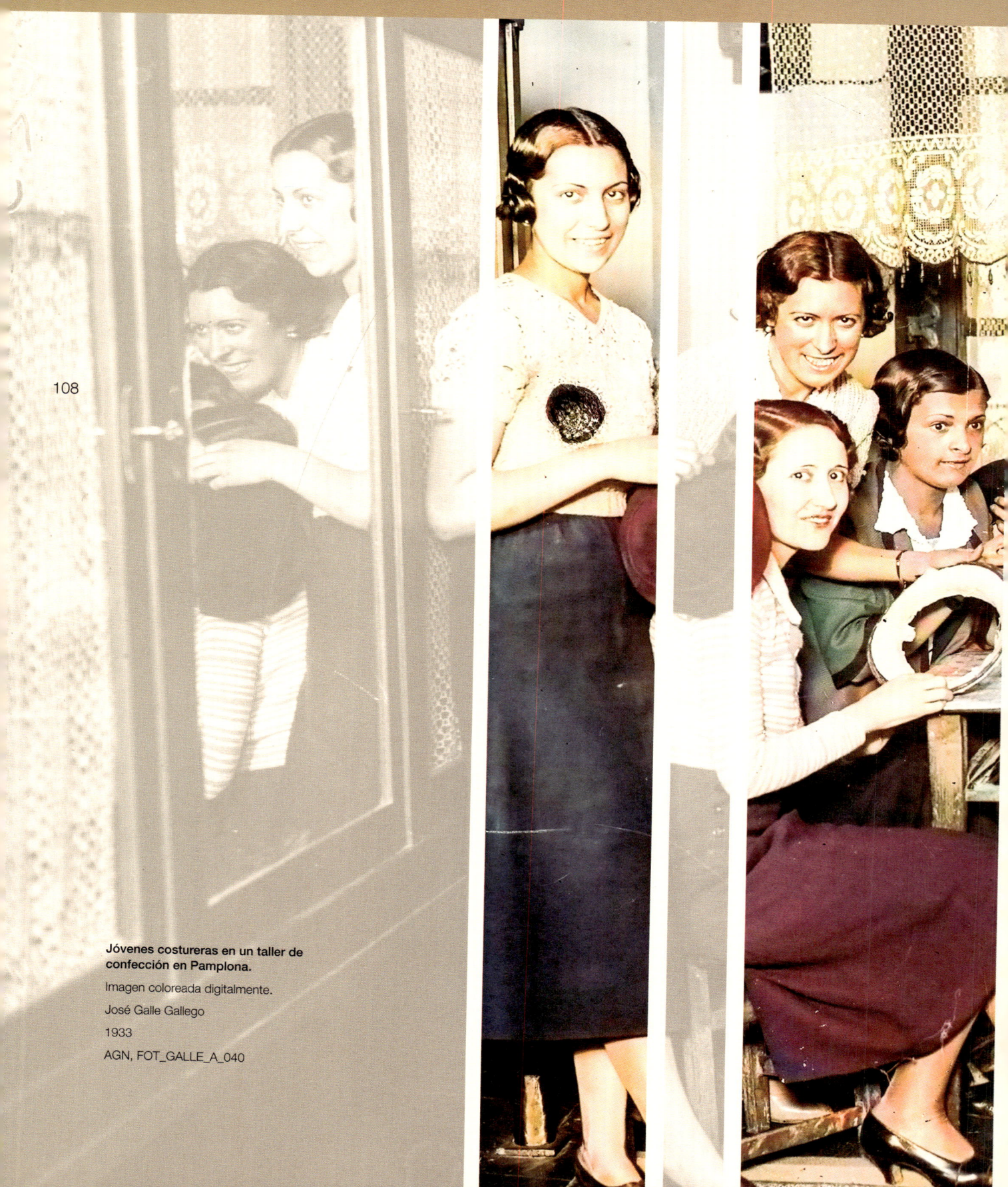

Jóvenes costureras en un taller de confección en Pamplona.

Imagen coloreada digitalmente.

José Galle Gallego

1933

AGN, FOT_GALLE_A_040

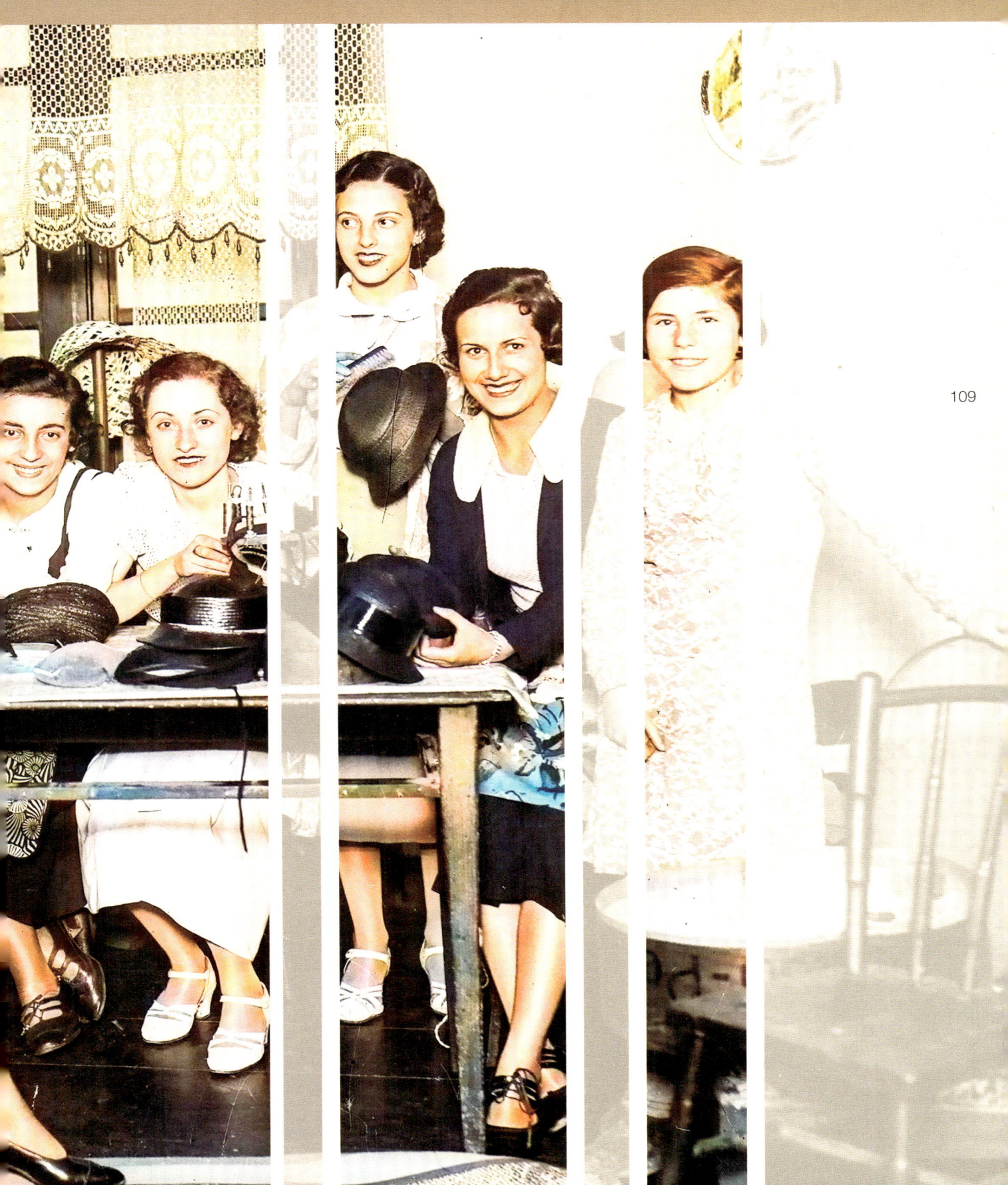

110

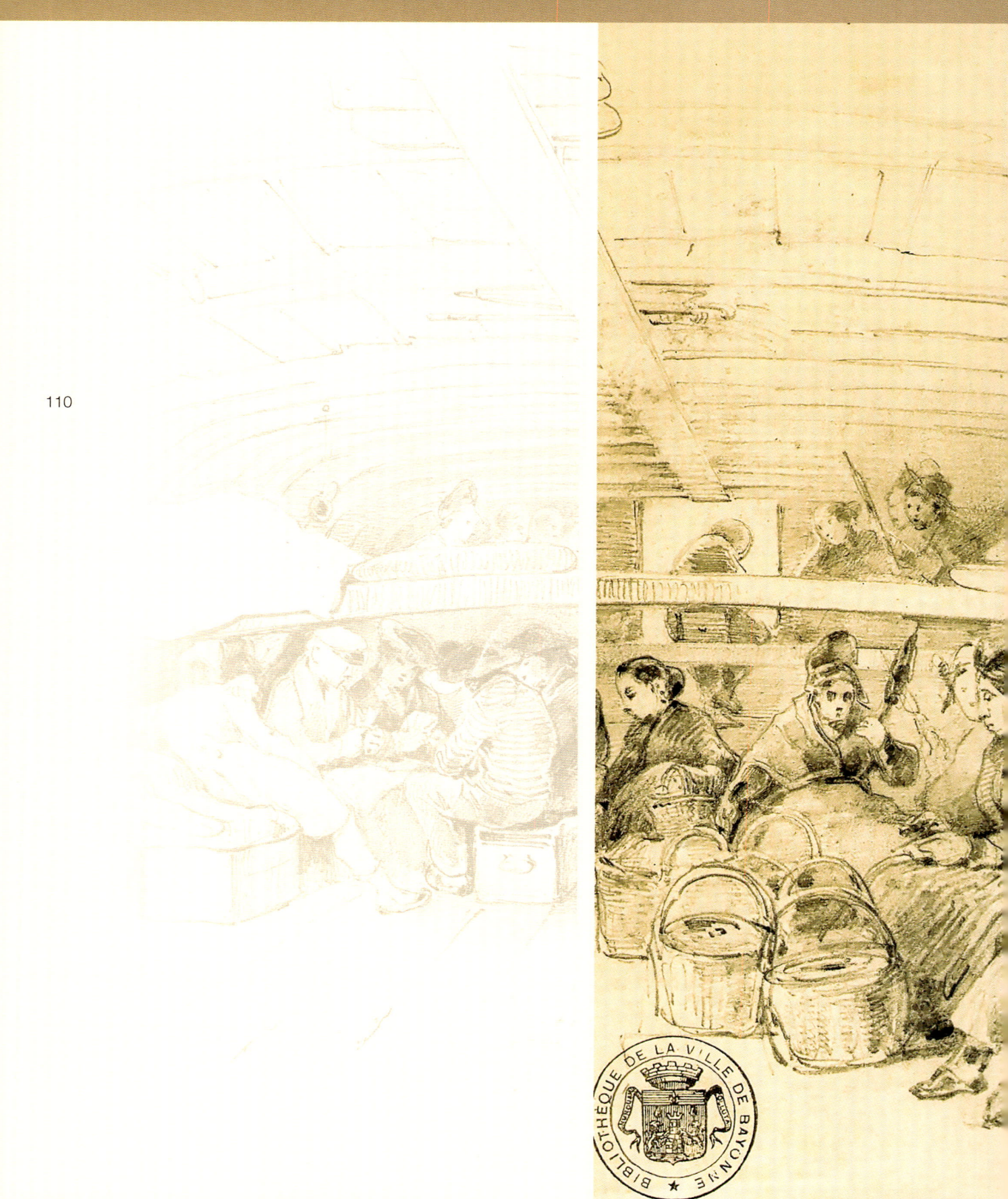

JOAQUINA BERRIA LASTAPE:
EL CORAJE DE LAS "VIUDAS BLANCAS"

La emigración a América fue una auténtica sangría demográfica en los siglos XIX y XX. Miles de navarros y navarras, procedentes sobre todo de la Montaña atlántica y pirenaica, y en menor medida de la zona media, se trasladaron escapando de la pobreza, las guerras, las epidemias… Las esposas de los emigrados vivieron ausencias en muchos casos de más de veinte años, durante los cuales asumieron todo el peso de las haciendas, los hijos y la casa. Fueron las "viudas blancas", imprescindibles, pero apenas reconocidas.

Joaquina Berria, del valle de Aézcoa, vivió en primera persona aquella experiencia. Algunas vecinas casadas se habían embarcado en la aventura americana con sus familias, otras cruzaron el mar para reencontrarse con sus maridos; también escogieron aquel arriesgado destino jóvenes solteras, deseosas de un futuro mejor y sin tutela masculina, pero Joaquina se quedó, recibió poderes de su esposo para administrar los bienes familiares y finalmente ejerció de prestamista con las remesas que le llegaban de América.

Transporte en barco.
Hélène Feillet
Francia hacia 1850
Médiathèque de Bayonne

112

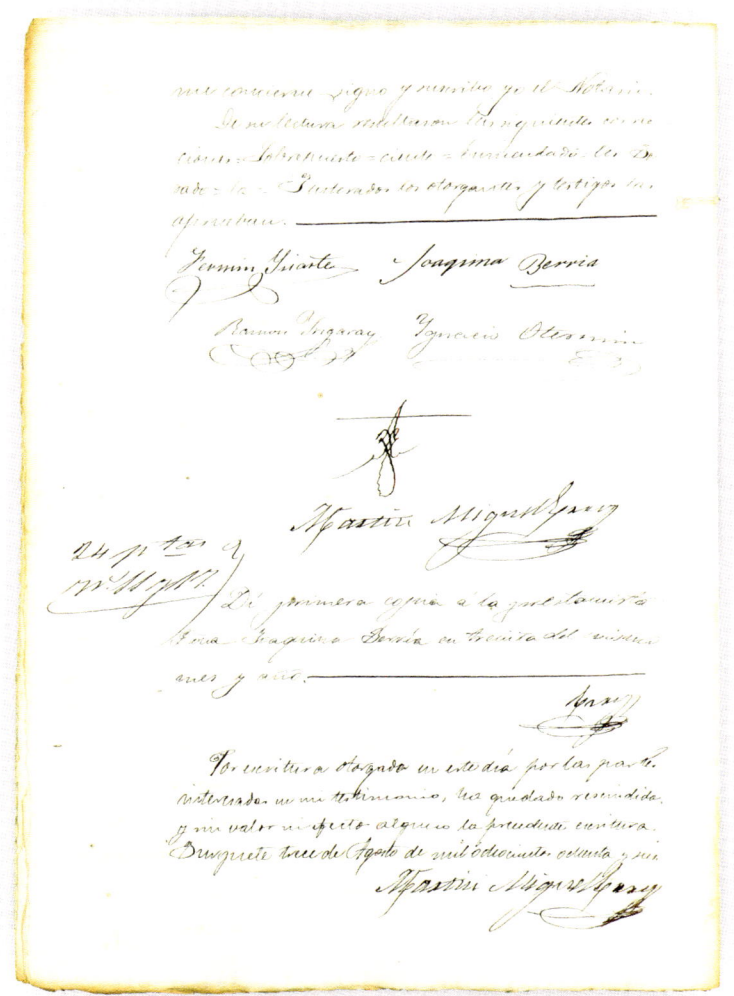

DOC. 13.1.

Préstamo de Joaquina Berria Lastape a Fermín Iriarte a partir del capital enviado por sus familiares desde Argentina.

1886

AGN, Notaría de Burguete, Martín Miguel Erro, 1886, n° 109

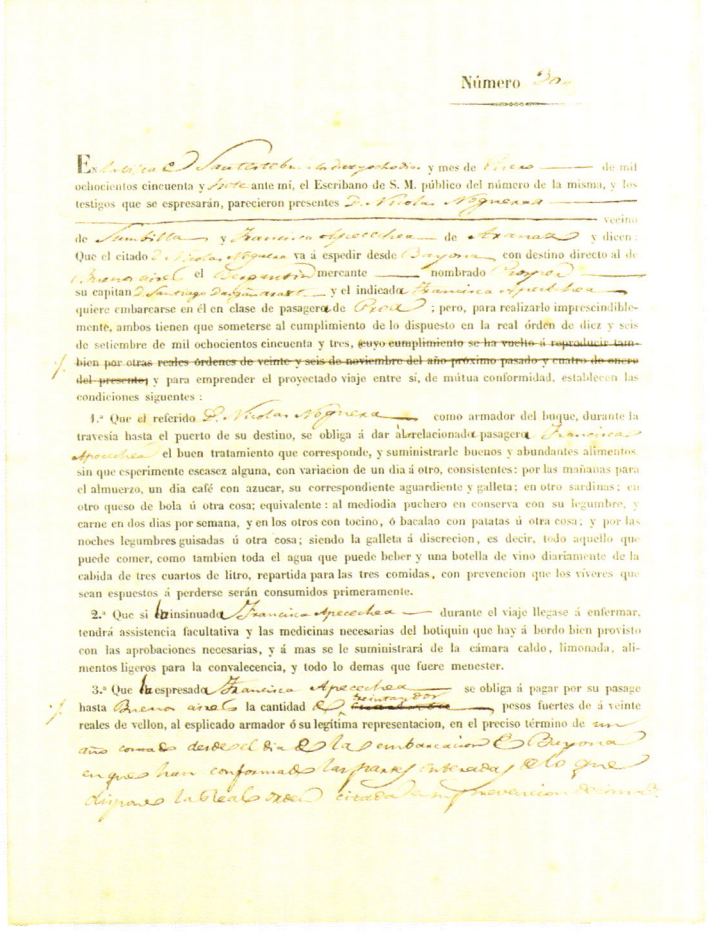

DOC. 13.2.

Formulario con las condiciones del viaje a Buenos Aires y menú para la pasajera Francisca Apecechea, vecina de Aranaz.

1857

AGN, Notaría de Santesteban, Prot. José Antonio Meriotegui, 1857, nº 30

Junto al "consentimiento y licencia para embarcar", el convenio fue otro de los documentos necesarios para el emigrante. En él se especificaba la alimentación y la asistencia médica durante la travesía, así como el precio del pasaje y otros derechos y obligaciones.

114

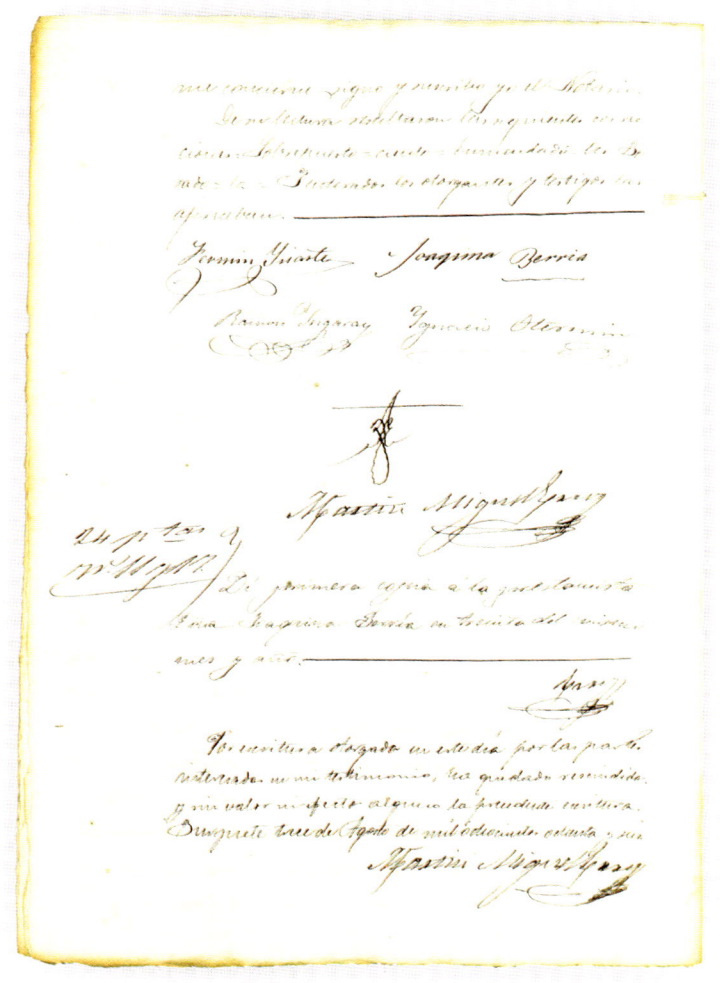

DOC. 13.3.

José Joaquín Alduncin deja apoderada a Catalina Lasarte, su mujer, para administrar el caserío y otras fincas antes de viajar a Buenos Aires.

1873

AGN, Notaría de Leiza, Prot. Vicente Lanz, 1873, nº 111

Solía ser muy frecuente que la esposa quedara encargada de la hacienda, como así han constatado los estudios de la zona del Baztán.

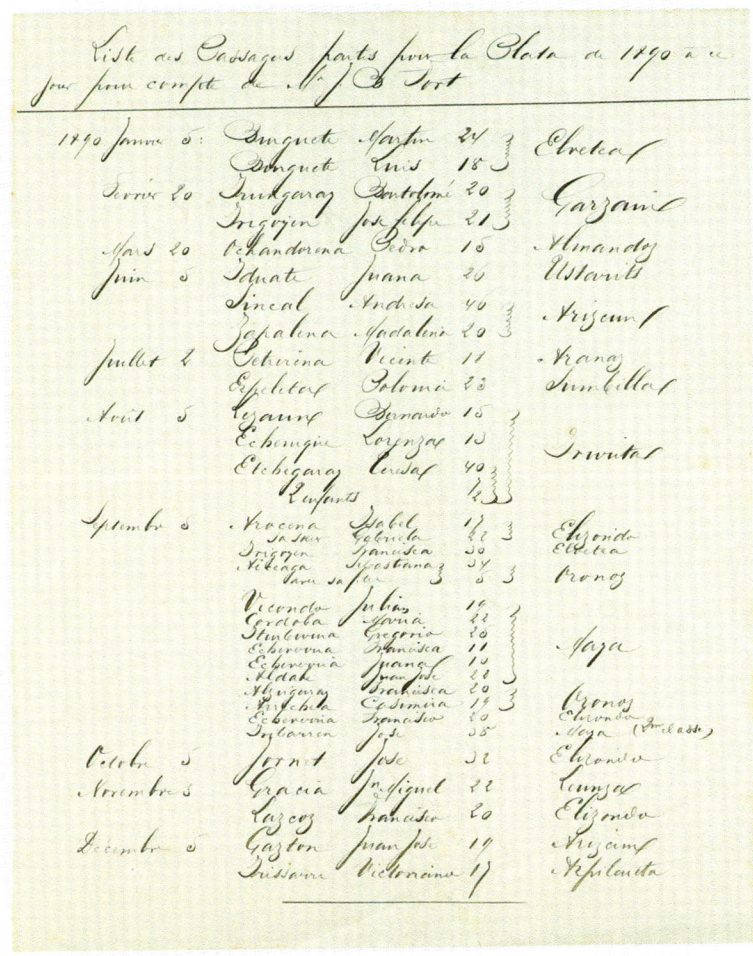

DOC. 13.4.

Lista de pasajeros embarcados hacia La Plata por mediación de Juan Bautista Fort, miembro de una importante familia de comisionados o agentes reclutadores de emigrantes, afincada en Elizondo.

1890

AGN, AP_FORT, Negocio, n. 8

Casi un tercio de los citados inscritos en los sucesivos pasajes de 1890 a 1895 eran mujeres, en su mayoría jóvenes, con edades comprendidas entre los diez y los treina años.

El Eco de Navarra

PRECIOS DE SUSCRIPCION

Para Pamplona: Un mes, 1'25 pesetas; trimestre, 3'25; semestre, 6'75 año, 12'50
Fuera de Pamplona.—Trimestre, 4 pesetas; semestre, 7'50; año, 14.
Extranjero: Trimestre, 15; semestre, 28.
El pago será adelantado.

PRECIOS DE INSERCION

Anuncios en primera plana, 1 peseta línea; anuncios oficiales en segunda plana, 0'50; reclamo, 0'25; anuncios preferentes tercera plana, 0'15; anuncios en cuarta plana, 0,07, línea sencilla.
Esquelasmortuorias, según muestrario.

La no devolución del periódico por los suscriptores de fuera de la capital, indica que continúa el abono.

DIARIO INDEPENDIENTE.—Dos ediciones
NO SE DEVUELVEN LOS ORIGINALES

Redacción, Administración é Imprenta, paseo de Valencia, 36, y calle de San Gregorio, número 26, bajos.

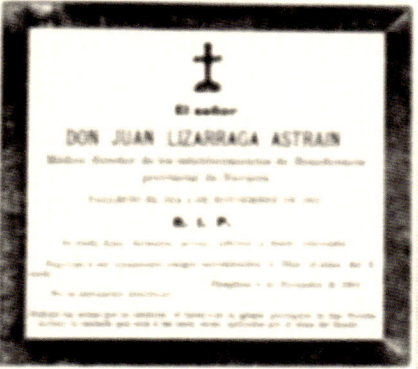

Colonizaciones extranjeras

De todas partes

Pedagogía contemporánea

Trata de niños

Muchos años hace que presenciamos con indignación la *trata de blancos* en que comercian los enganchadores de emigrantes, llevando á América, con seducción y engaños á multitud de crédulos jóvenes, por cuyo trasporte al otro lado de los mares reciben los poco aprensivos reclutadores un tanto por cabeza. Se dan, también, casos de enganchar jóvenes doncellas, prometiéndolas las mejores colocaciones, y, luego allá en el Sur de América son vendidas como bestias al mejor postor. Pero, el comercio de carne blanca no satisfecho aun con tanta infamia ha ido más adelante; á la trata de infelices niños.

Véase lo que dicen de San Sebastián á este propósito.

«En el ferrocarril de la costa llegaron ayer tarde 24 niños de ambos sexos procedentes todos de los pueblos de los alrededores de Bilbao y cuya edad oscilaba entre los doce y catorce años.

Acompañados por varios comisionados se dirigieron á la estación del Norte con objeto de salir en el correo de la noche para Francia.

Al tener conocimiento de esto el gobernador civil de esta provincia, ordenó al inspector señor Gutiérrez que revisase las partidas de bautismo, las cuales observó dicho funcionario se hallan sin legalizar.

En vista de esto, el señor Bessón telegrafió al gobernador civil de Vizcaya, dándole cuenta de esta emigración ilegal y verdaderamente triste, ordenando al mismo tiempo la suspensión de la salida de los niños.

Estos son conducidos á Burdeos donde se proponen embarcarlos para la república del Brasil.

Los comentarios que ayer oímos hacer dicen muy poco en favor de los padres de esas infelices criaturas y de la s autoridades que consienten esta verdadera trata de blancos.»

Verdaderamente, es lamentable que haya padres, tan ilusos ó tan interesados, que entreguen tiernas criaturas en manos extrañas para que se los lleven á tierras lejanas y mal sanas, donde lo probable es que esos niños sirvan de objeto de explotación, como máquinas humanas, para los fines que estimen más útiles sus amos y señores.

¡Desgraciadas criaturas!

¿Y qué diremos de las autoridades que presencian este antihumanitario é ilegal trata de niños?

Como á Navarra pudiera extenderse el inicuo comercio, si es que ya no está establecido, damos la voz de alerta para que los padres de familia no se dejen alucinar por las falsas promesas que les hacen los enganchadores, pues, al entregarles sus hijos los exponen á mil peligros y hasta á la muerte.

Y á las autoridades les recomendamos que ejerzan activa vigilancia para evitar esa ilegal é infame trata de niños.

Notas políticas

Políticos de viaje

Orden público

España en Marruecos

Noticias diversas

Trata de niños

Información telefónica

Lo del día

Francia y Turquía

Boletín del Centro Escolar

En la Audiencia

NUESTRAS CARTAS

De Valencia

Trata de niños

Muchos años hace que presenciamos con indignación la *trata de blancos* en que comercian los enganchadores de emigrantes, llevando á América, con seducción y engaños á multitud de crédulos jóvenes, por cuyo trasporte al otro lado de los mares reciben los poco aprensivos reclutadores un tanto por cabeza. Se dan, tambien, casos de enganchar jóvenes doncellas, prometiéndolas las mejores colocaciones, y, luego allá en el Sur de América son vendidas como bestias al mejor postor. Pero, el comercio de carne blanca no satisfecho aun con tanta infamia ha ido más adelante; á la trata de infelices niños.

Véase lo que dicen de San Sebastian á este propósito:

«En el ferrocarril de la costa llegaron ayer tarde 24 niños de ambos sexos procedentes todos de los pueblos de los alrededores de Bilbao y cuya edad oscilará entre los doce y catorce años.

Acompañados por varios *comisionados* se dirigieron á la estación del Norte con objeto de salir en el correo de la noche para Francia.

Al tener conocimiento de esto el gobernador civil de esta provincia, ordenó al inspector señor Gutiérrez que revisase las partidas de bautismo, las cuales observó dicho funcionario se hallan sin legalizar.

En vista de esto, el señor Bessón telegrafió al gobernador civil de Vizcaya, dándole cuenta de esta emigración ilegal y verdaderamente triste, ordenando al mismo tiempo la suspensión de la salida de los niños.

Estos son conducidos á Burdeos donde se proponen embarcarlos para la república del Brasil.

Los comentarios que ayer oimos hacer dicen muy poco en favor de los padres de esas infelices criaturas y de la s autoridades que consienten esta verdadera trata de blancos.»

Verdaderamente, es lamentable que haya padres, tan ilusos ó tan interesados, que entreguen tiernas criaturas en manos extrañas para que se los lleven á tierras lejanas y mal sanas, donde lo probable es que esos niños sirvan de objeto de explotación, como máquinas humanas, para los fines que estimen más útiles sus amos y señores.

¡Desgraciadas criaturas!

¿Y qué diremos de las autoridades que presencian este antihumanitario é ilegal trata de niños?

Como á Navarra pudiera extenderse el inicuo comercio, si es que ya no está establecido, damos la voz de alerta para que los padres de familia no se dejen alucinar por las falsas promesas que les hacen los enganchadores, pues, al entregarles sus hijos los exponen á mil peligros y hasta á la muerte.

Y á las autoridades les recomendamos que ejerzan activa vigilancia para evitar esa ilegal é infame trata de niños.

Al igual que las autoridades civiles y religiosas, la prensa provincial arremetió contra los "enganchadores" y trató de combatir la emigración, sobre todo cuando los reclutados eran mujeres y niños.

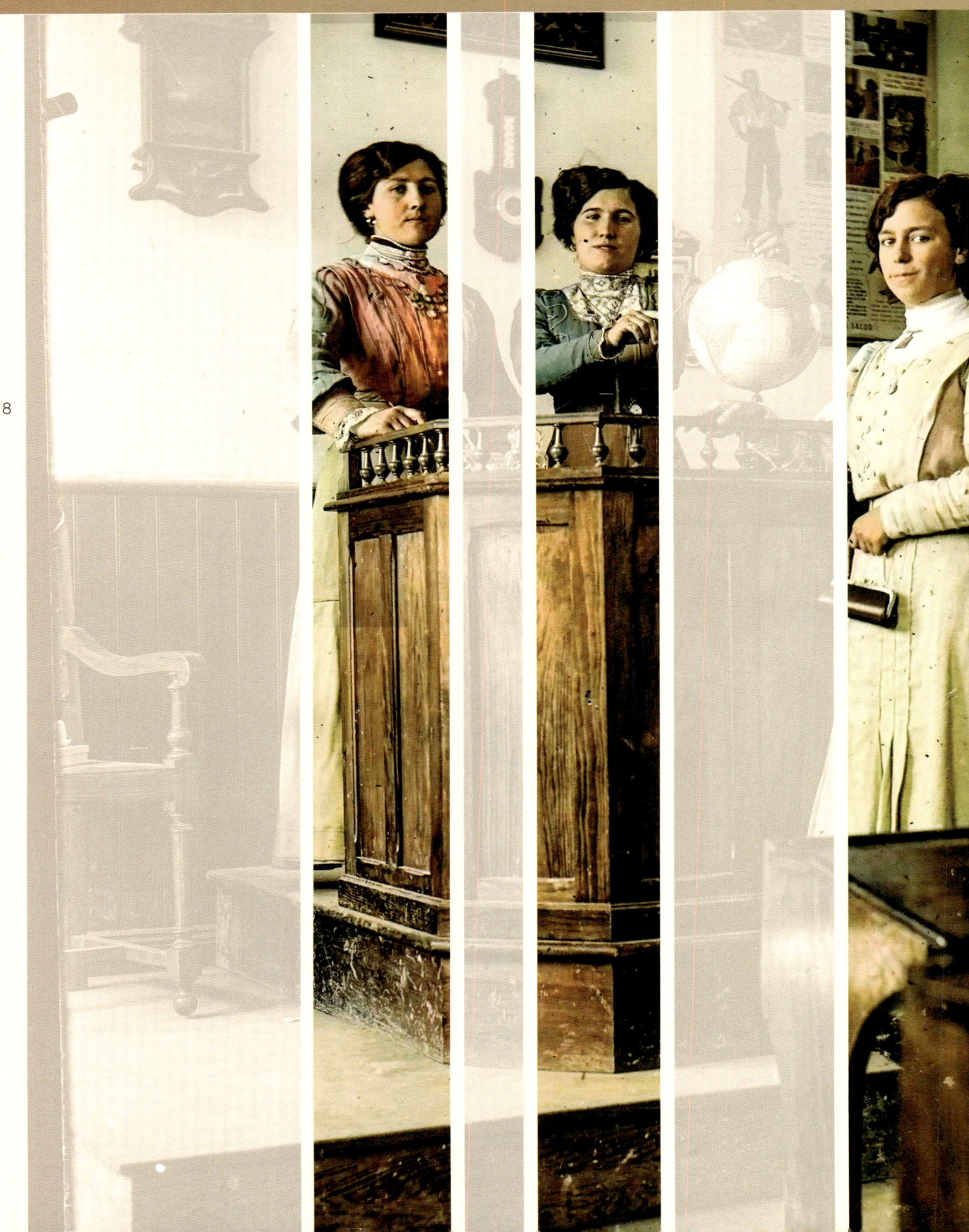

118

MARÍA ANA SANZ: EDUCADORA DE VANGUARDIA Y FEMINISTA

Navarra fue una de las provincias a la cabeza de la alfabetización femenina, si bien hasta entrado el s. XX las niñas se escolarizaron en menor medida que los niños y su instrucción primó las labores de costura y la doctrina cristiana frente a contenidos académicos. No obstante, la situación mejoró con la creación de la pionera Escuela Normal de Maestras (1847), que en 1911 pasó a Superior, con el libre acceso a la Universidad (1910) y con las nuevas oportunidades educativas que abrió la II República.

María Ana Sanz Huarte (Irañeta 1868-Pamplona, 1936) volcó su vida en la educación de las mujeres, sobre todo desde su condición de directora de la Escuela Normal de Maestras (1906-1931): modernizó la formación académica de las alumnas, impulsó innovadoras iniciativas (cantinas, colonias, ropero escolar, escuela hogar para obreras), que compaginó también con su interés por la infancia desasistida, y escribió y disertó a favor de la emancipación económica y la igualdad jurídica de la mujer.

Maestras de la escuela de Unzué.

Imagen coloreada digitalmente.

Alberto Oficialdegui Nuñez

1916

AGN, FOT_OFICIALDEGUI_016

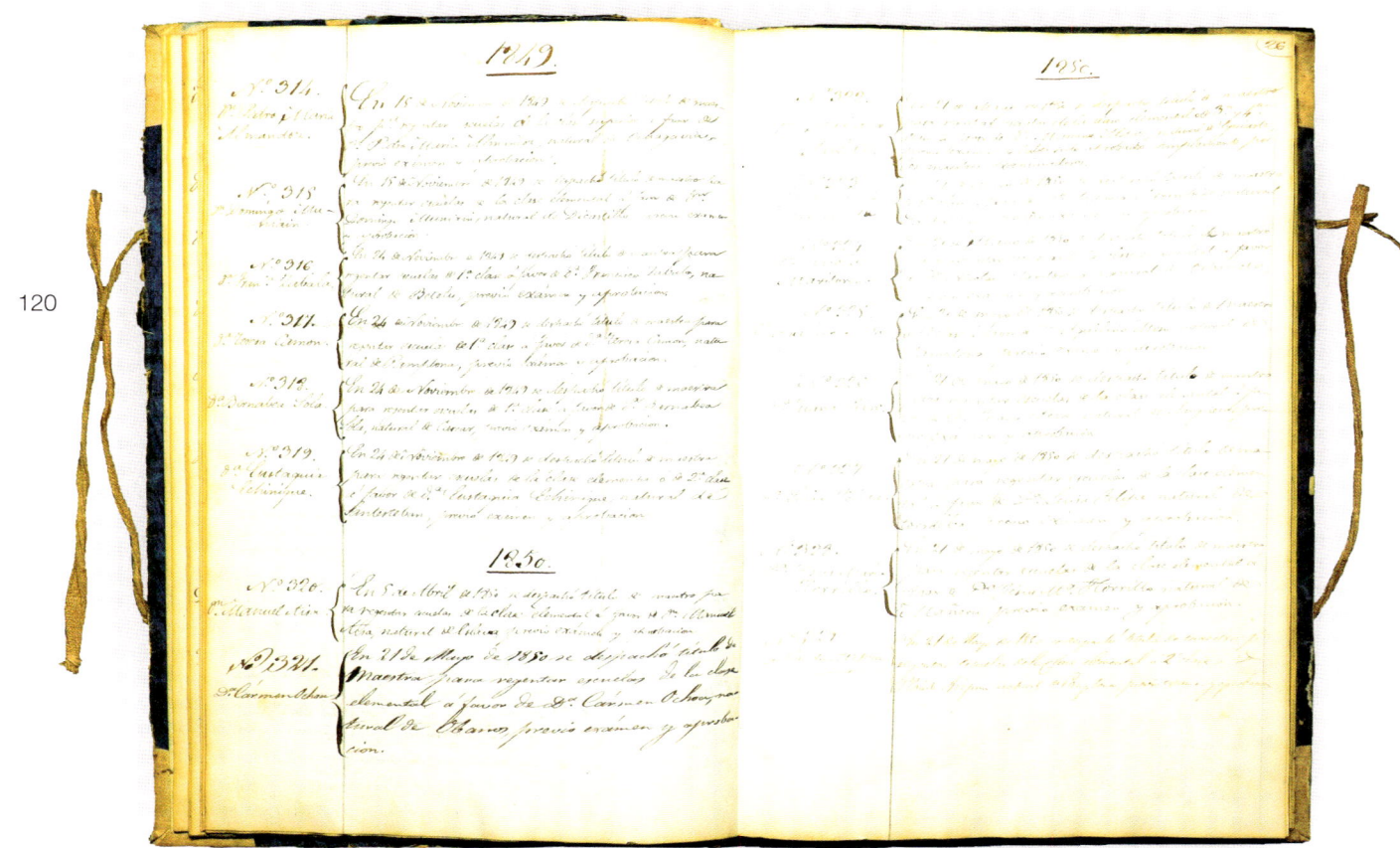

DOC. 14.1.

Registro de expedición de títulos de maestros y maestras.

1840-1850

AGN, DFN, L.5596

Navarra fue pionera en la creación de las Escuelas Normales,
tanto la de maestros (1840) como la de maestras (1847).

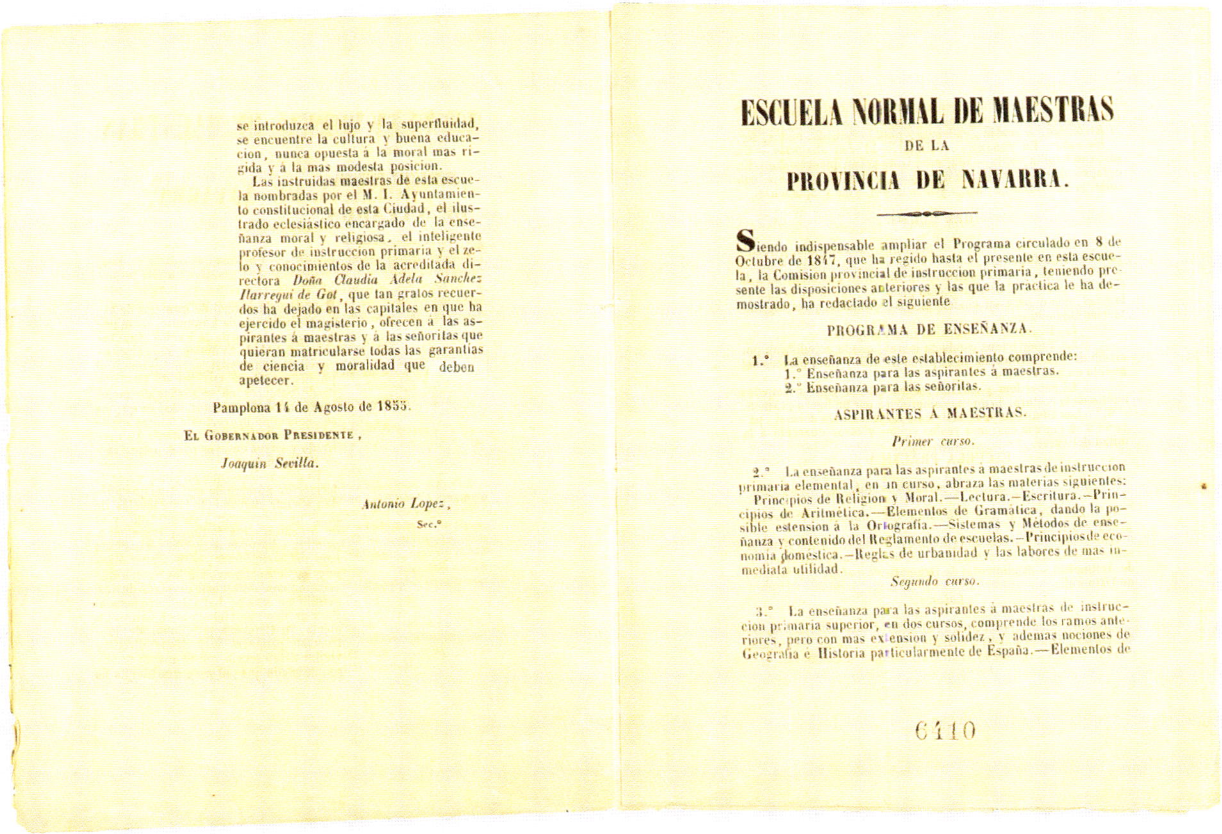

DOC. 14.2.

Programa de enseñanza de la Escuela Normal de Maestras de Navarra, creada por la Comisión Provincial de Instrucción Primaria e instalada el 31 de octubre de 1847.

Pamplona, 1855

Biblioteca de Navarra, Cª 4/163

Para ingresar en la Escuela se requería una edad mínima (18 años), gozar de buena salud "completa", acreditar buena conducta moral y alcanzar un nivel mínimo de contenidos, incluido el conocimiento de "labores de mano".

122

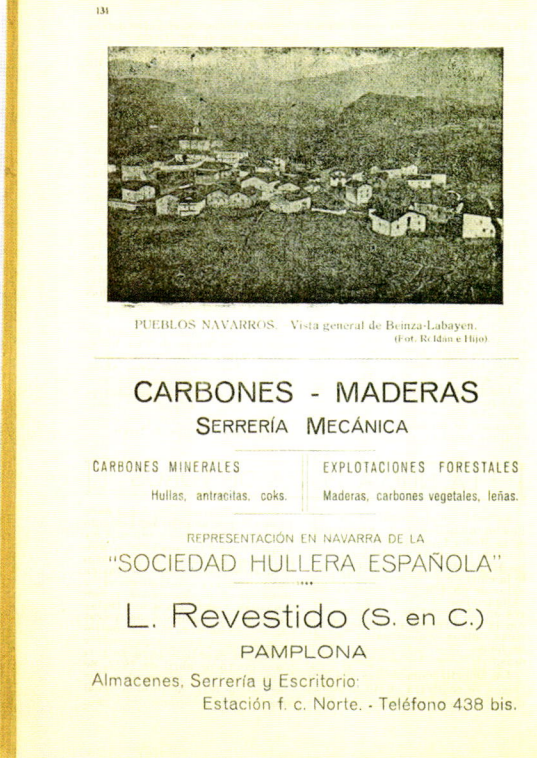

DOC. 14.3.

Personal de los centros docentes de Navarra en la *Guía de Navarra 1921-1922: anuario administrativo, bancario, comercial, industrial, agrícola ... de la provincia.*

Pamplona, 1922

AGN, BIBLIOTECA, FBH/2034

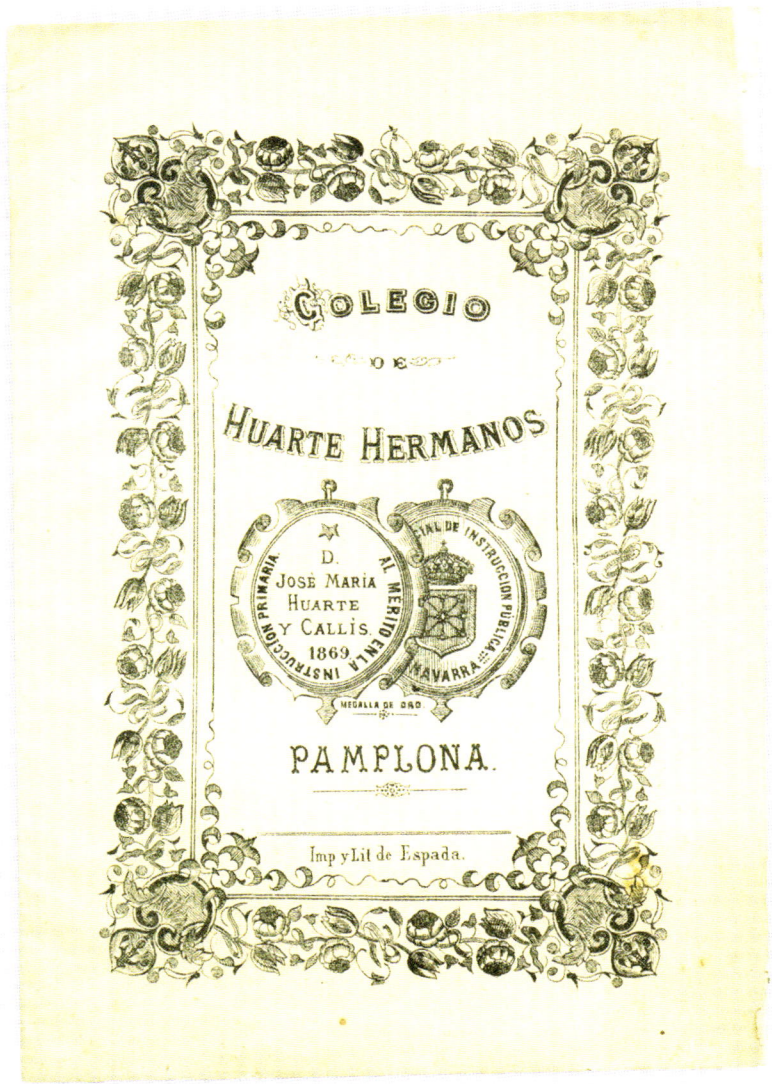

DOC. 14.4.

Folleto informativo del Colegio Huarte Hermanos.

Pamplona, 1885

AGN, AP_HUARTE, Caj. 120

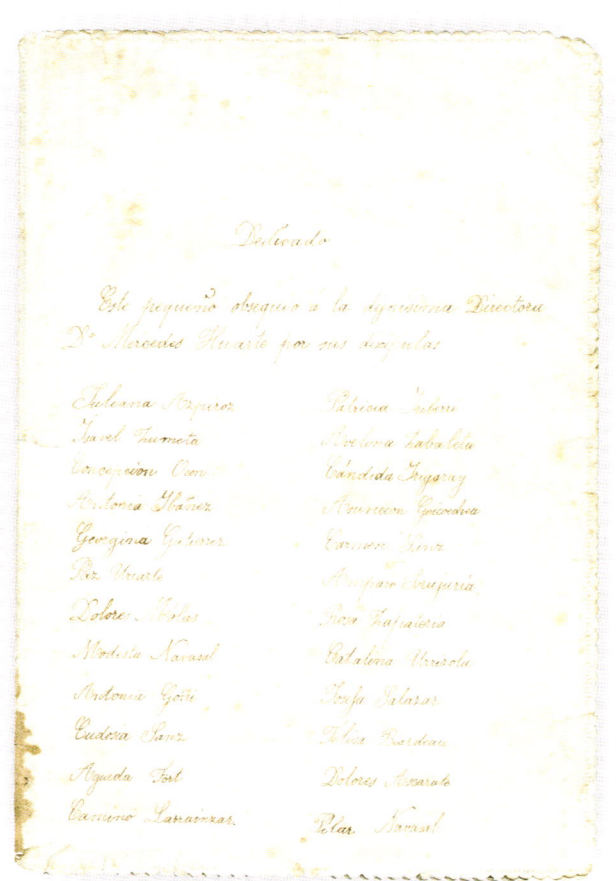

DOC. 14.5.

Agradecimiento a Mercedes Huarte Callis de sus alumnas del aula de niñas del Colegio Huarte.

Pamplona, segunda mitad del siglo XIX

Archivo Familia Guibert Navaz

Hermana de José María y Francisco, fundadores del prestigioso Colegio Huarte de Pamplona, y madre de María Ana Sanz, Mercedes Huarte Callis regentó durante casi medio siglo el aula de niñas del citado Colegio.

DOC. 14.6.

"La mujer en la sociedad actual". Conferencia de María Ana Sanz Huarte en el Colegio de Médicos de Pamplona.

Pamplona, enero de 1922

Archivo Familia Guibert Navaz

Entre sus muchas ideas sobresale su decidida petición de reforma del Código Civil de 1889 en todas aquellas disposiciones que sentencian la inferioridad y la dependencia jurídica de la mujer.

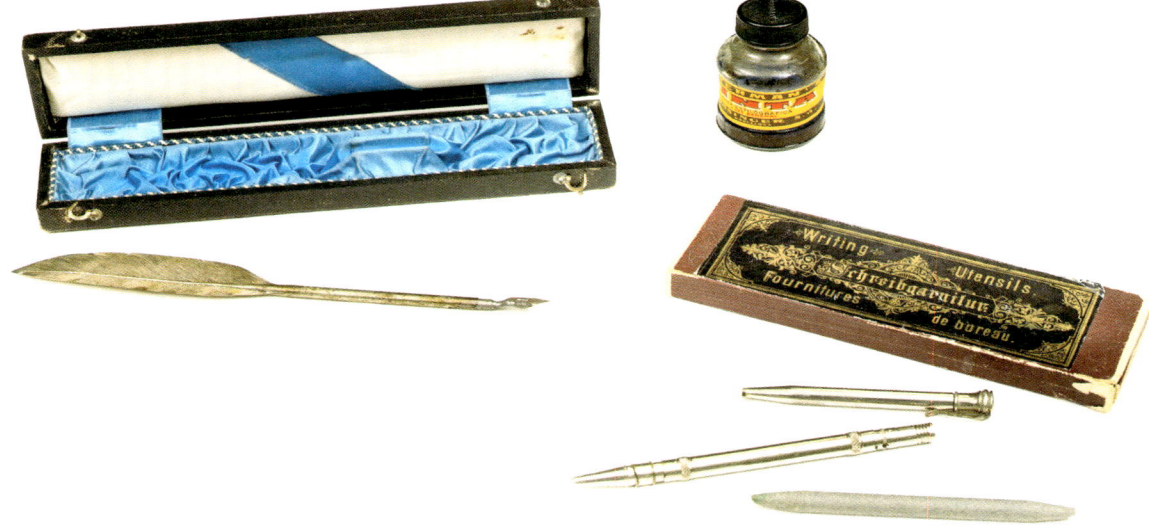

DOC. 14.7.

Pluma de escritura y tintero.

Siglo XIX

AGN, AP_IRAIZOZ ASTIZ

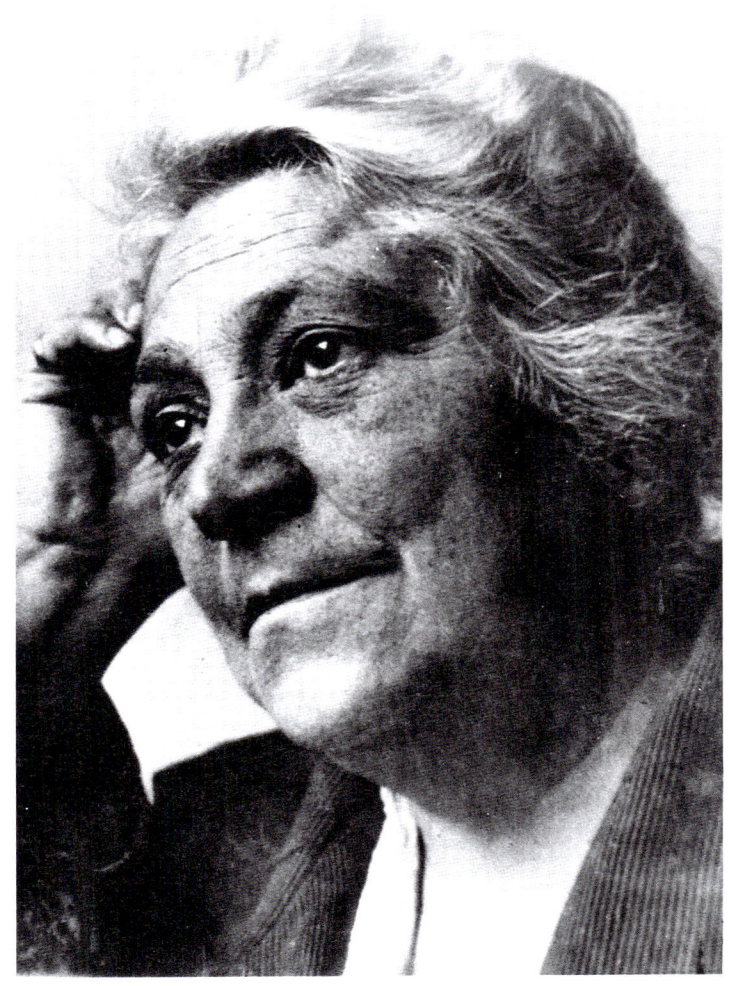

DOC. 14.8.

**María Ana Sanz y Huarte, directora de la Escuela Normal
Superior de Maestras de Navarra.**

Archivo Familia Guibert Navaz

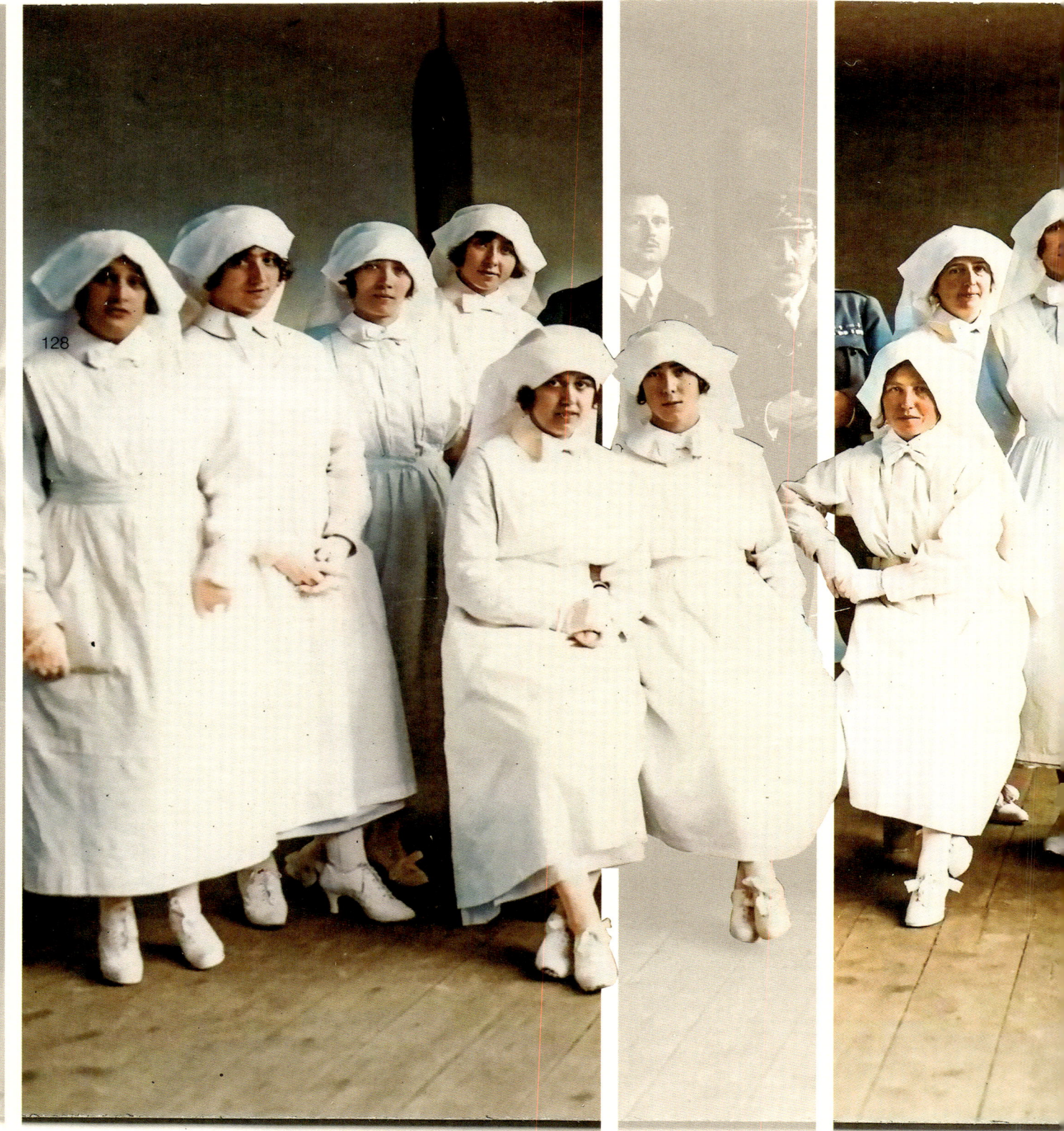

128

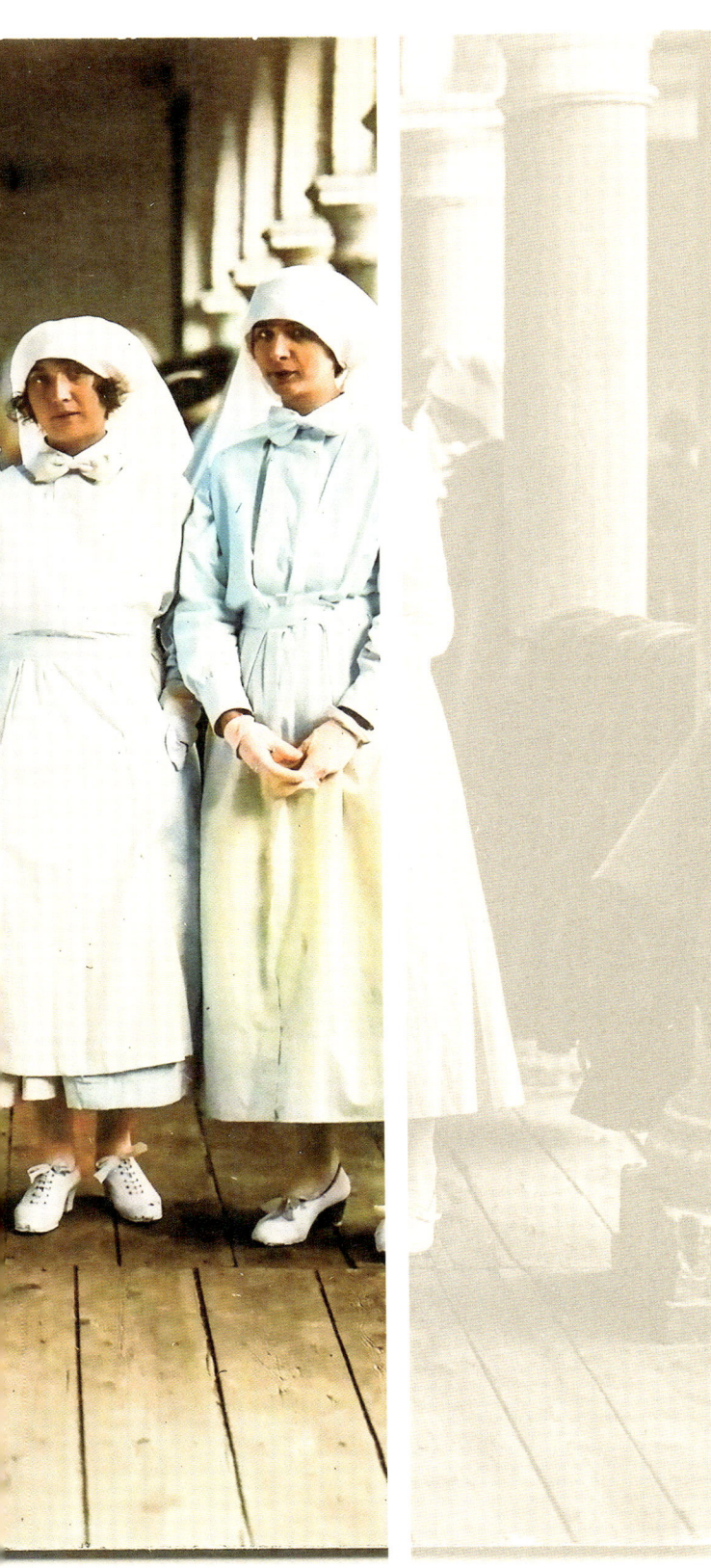

JUANA GARCÍA ORCOYEN: EL RECONOCIMIENTO PROFESIONAL

Costureras, lavanderas, criadas, vendedoras, nodrizas, labradoras, empleadas de taller… Las mujeres venían trabajando fuera del hogar desde antiguo, aunque no era una actividad bien vista, solo justificada por necesidad económica, y que de normal se abandonaba al contraer matrimonio. La mayoría de los trabajos, por lo general mal pagados, ni siquiera aparecían registrados en los censos, pero hubo algunos, ligados a la educación y la sanidad, reconocidos socialmente, que sí acabaron profesionalizándose.

Los ámbitos educativo y sanitario se entendían como prolongación de la condición maternal de la mujer. Por ello, junto a las maestras proliferaron las enfermeras y las comadronas, al tiempo que muchas religiosas se volcaban a la asistencia social y la beneficencia. En el camino hacia la profesionalización, es reseñable en el primer tercio del siglo XX la creación oficial del título de enfermera, que vendría a sumarse a los de comadrona y médica. Juana García, de Esténoz, tuvo el honor de ser la primera licenciada en Medicina de Navarra (1925).

Promoción de enfermeras en el Hospital Militar de Pamplona.
Imagen coloreada digitalmente.
Julio Altadill Torronteras
1920-1925
AGN, FOT_ALTADILL_C_331

130

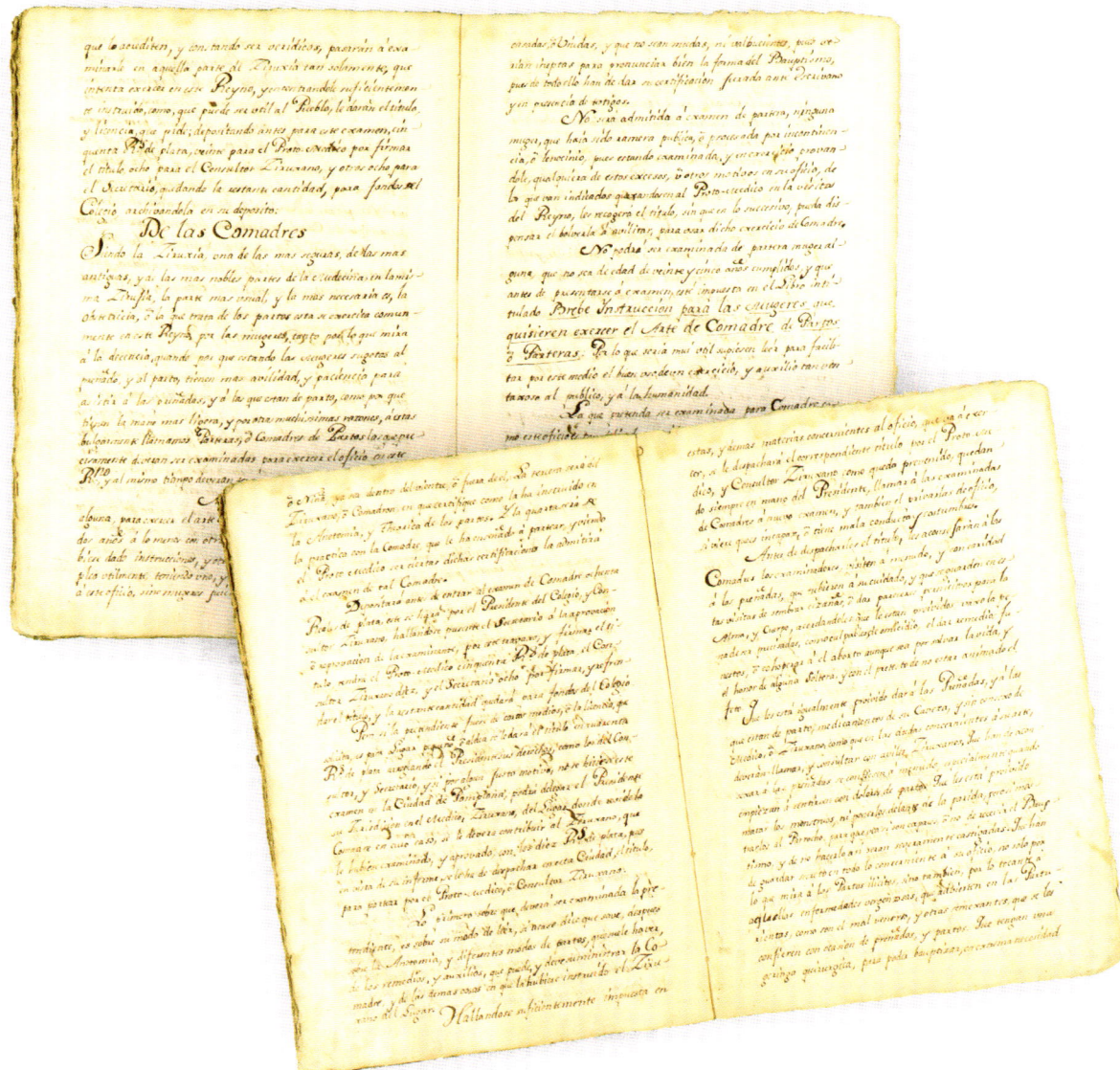

DOC. 15.1.

Regulación de las funciones de las comadronas en la propuesta de ordenanzas del Colegio de Médicos, Cirujanos y Boticarios de Navarra.

Pamplona, 1793

AGN, AP_CFR.S_COSME, Caj. 1, N. 31, fols. 33v-34r

La labor ancestral desempeñada por las comadronas o parteras comenzó a ser regulada a principios del siglo XVIII, a través de una disposición de las Cortes navarras de 1724-1726. Progresivamente, su formación estuvo cada vez más reglada y ya en el siglo xix se asiste a un reconocimiento oficial de su trabajo.

DOC. 15.2.

Nómina de nodrizas por dar de lactar a niños expósitos de Navarra.

Pamplona, 31 de diciembre de 1883

AGN, BE_INCLUSA, Caj. 51

La Inclusa fue la institución que mayormente demandó el servicio de las nodrizas, muchas de ellas mujeres de fuera de Pamplona que encontraron así un modo de mejorar su precaria situación económica.

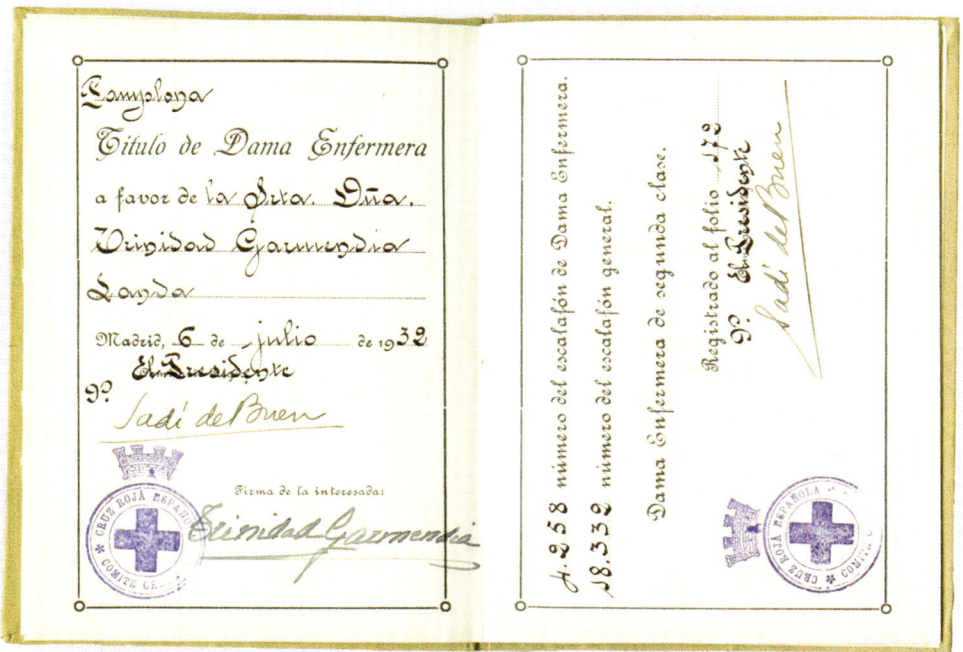

DOC. 15.3.

Título de Dama Enfermera, emitido por la Asamblea Suprema de la Cruz Roja, a favor de Trinidad Garmendia.

Madrid, 6 de julio de 1932

AGN, AP_MARCO GARMENDIA

Por iniciativa de la reina Victoria Eugenia, la Cruz Roja creó en 1914 el Cuerpo de Damas Enfermeras, de carácter voluntario. Un año después, en 1915, se crearon los estudios oficiales de Enfermería.

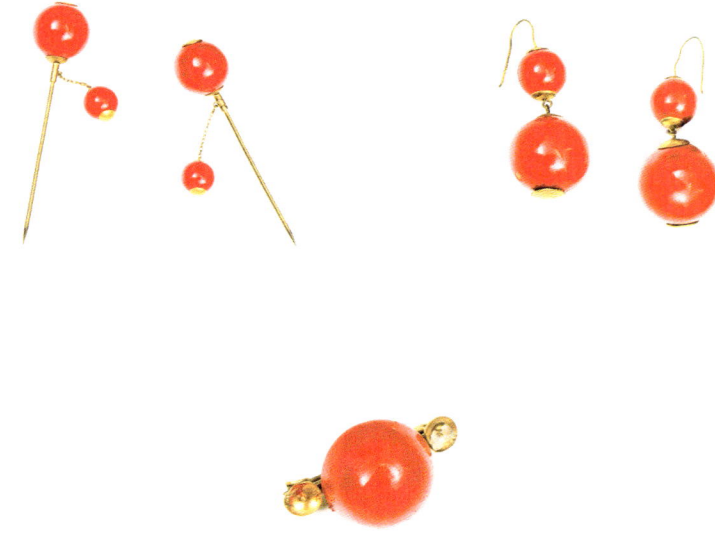

DOC. 15.4.

Aderezos de joyas de nodriza.

Siglo XIX

Museo Etnológico de Navarra Julio Caro Baroja, inv. 12.155, 12.156, 12.157, 12.161 y 12.162

La burguesía de las ciudades puso gran interés en vestir con elegancia al personal femenino que cuidaba de sus hijos. Por ese motivo los trajes de nodriza incorporaron vistosas joyas, elaboradas en plata con filigranas o en madera pintada de rojo. Cada juego o "aderezo" se componía de pendientes, alfiler para el moño e imperdible para la toquilla.

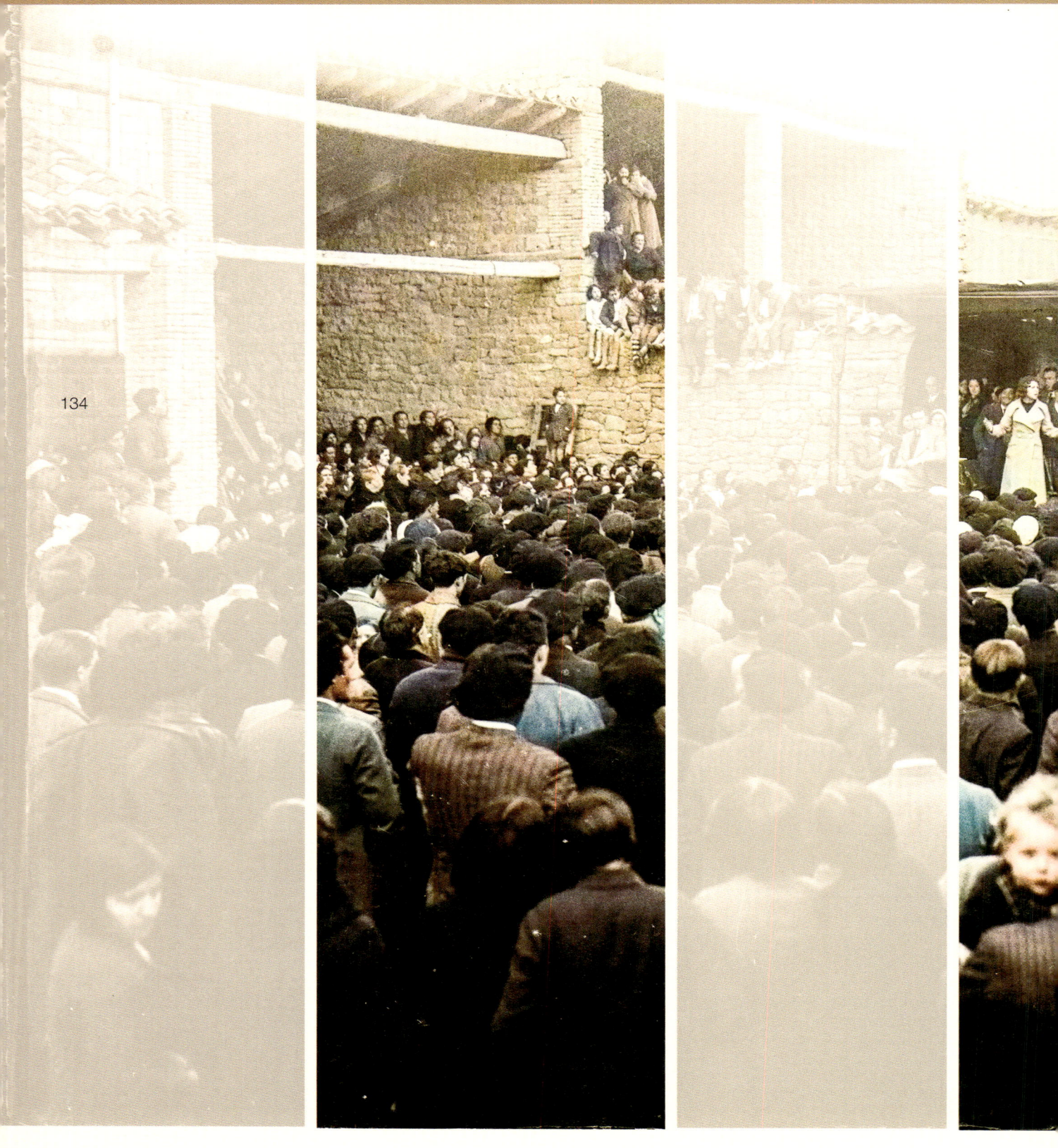

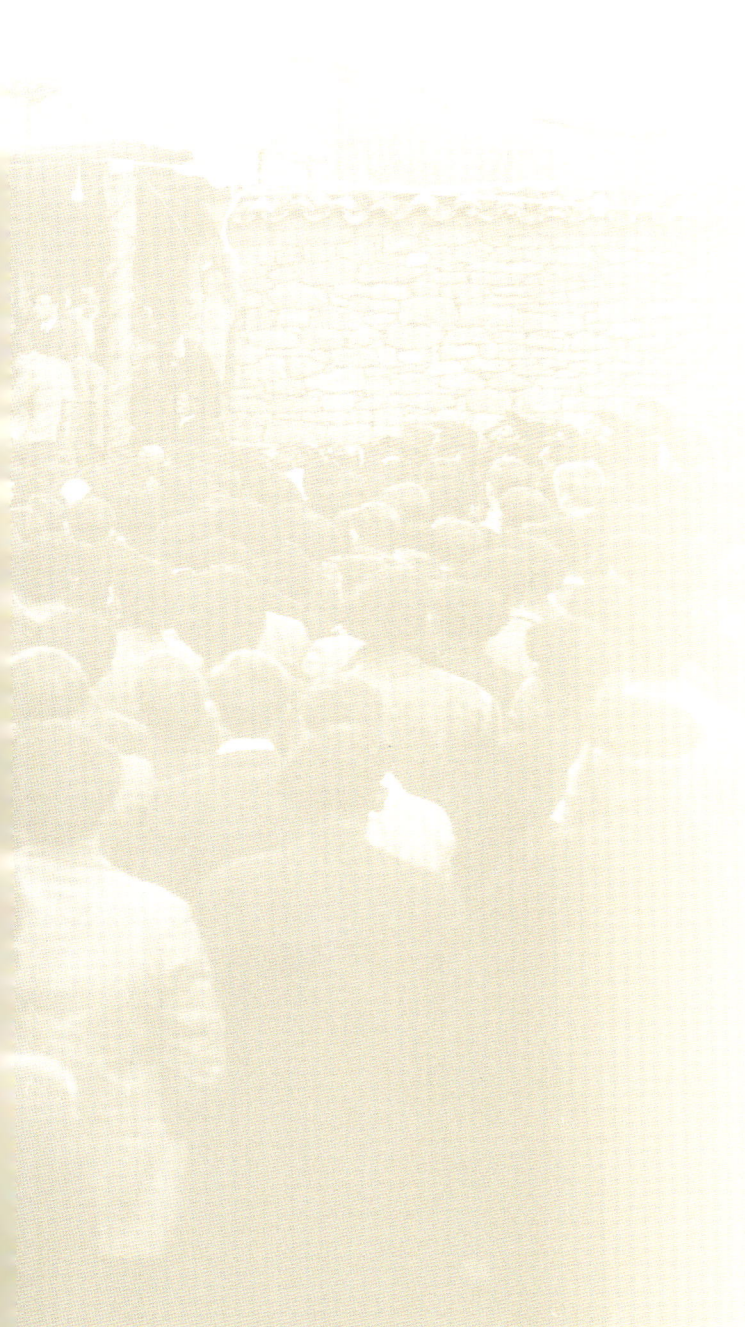

ABANDERADAS EN TIEMPOS DE LIBERTAD: DOLORES, JOSEFINA Y JULIA

La II República dio un impulso notable a los avances en materia educativa y laboral, pero sobre todo hizo realidad la principal aspiración política femenina, la concesión del voto, reconocido por decreto de 1 de octubre de 1931. Además, la intensa agitación social y política fue un estímulo para la militancia de las asociaciones femeninas de los distintos partidos, muy activas en la calle y en la prensa, aunque todavía sin reivindicaciones propiamente feministas al margen del ideario de cada formación.

Entre las numerosas mujeres que destacaron en la vida política podría citarse a Dolores Baleztena (carlista), fundadora y presidenta de "Las Margaritas" y primera mujer chófer que recorrió los pueblos de Navarra dando mítines; a Josefina Irujo Ollo, dirigente de Emakume Abertzale Batza en Estella; y a Julia Álvarez Resano, de la Agrupación Socialista de Villafranca y miembro de Mujeres contra la guerra y el fascismo, diputada a Cortes por Madrid en 1936 y primera gobernadora civil de España en 1937.

Discurso de Carmen Villanueva Unzu en un mitin político tradicionalista.

Imagen coloreada digitalmente.

José Galle Gallego

Carcastillo, 1933

AGN, FOT_GALLE_A_055

136

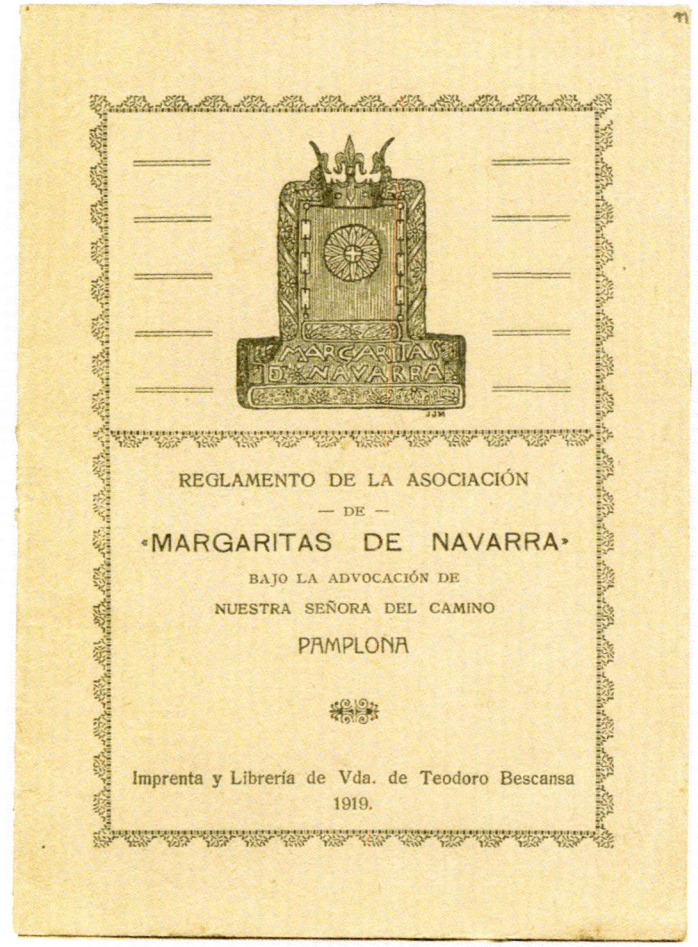

DOC. 16.1.

Reglamento de la Asociación de Margaritas de Navarra.

Pamplona, 1919

AGN, GCN, Caj. 48, N. 3, fols. 11-12

Creada en 1919 en recuerdo de Margarita de Parma,
esposa del pretendiente Carlos VII, esta primera asociación
de mujeres carlistas tuvo como objetivo prioritario socorrer
a las familias tradicionalistas que se hallasen necesitadas.

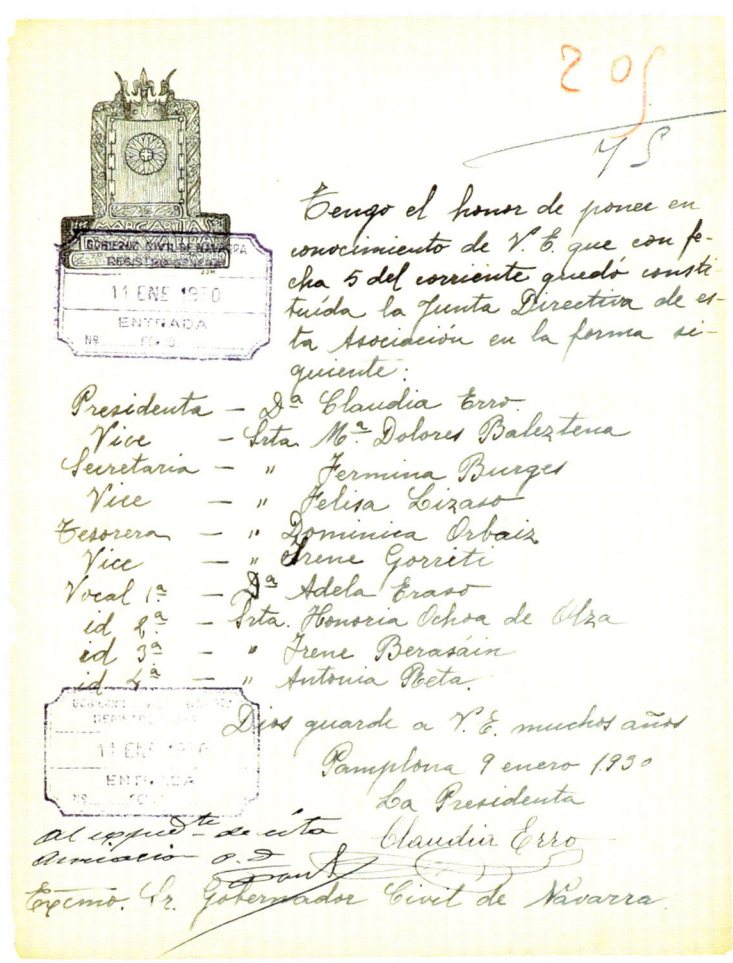

DOC. 16.2.

Composición de la Asociación de Margaritas de Navarra.

Pamplona, 9 de enero de 1930

AGN, GCN, Caj. 48, N. 3, fol. 32r

Las principales impulsoras y propagandistas de la asociación a través de actos político-religiosos, conferencias y veladas fueron Dolores Baleztena, Carmen Villanueva, Clinia Cabañas y Josefa Alegría.

138

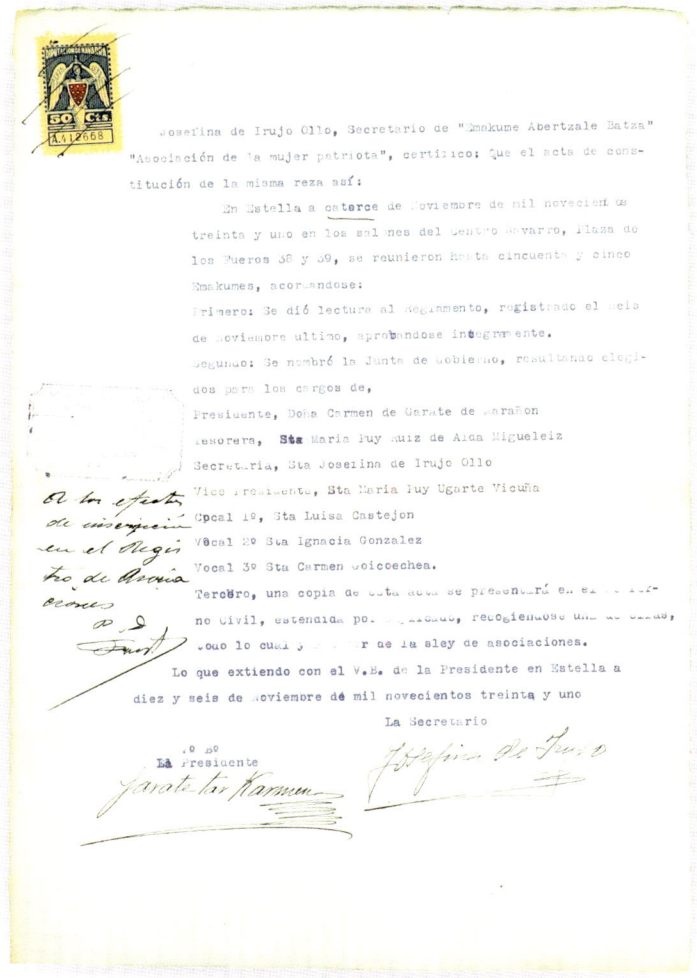

DOC. 16.3.

Composición de la Emakume Abertzale Batza de Estella.

Estella, 16 de noviembre de 1931

AGN, GCN, Caj. 18, N. 14, fol. 4r

El objetivo de la Asociación nacionalista femenina –según recogía su reglamento– era "la unión de todas las mujeres amantes de Jaungoikua eta Lagi-Zarra" para difundir dicha doctrina a través de actividades de carácter cultural y benéfico y para proteger "la lengua euzkerica y las tradiciones del País".

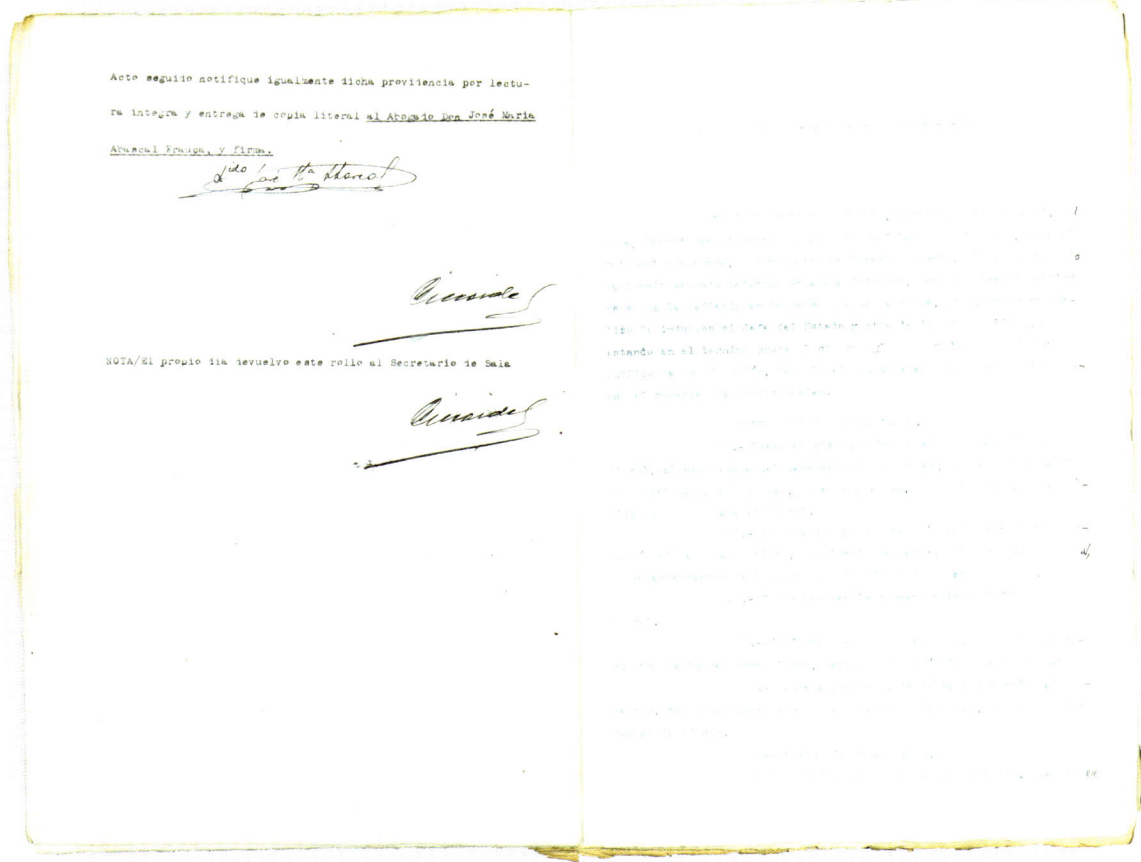

DOC. 16.4.

Actuación de Julia Álvarez, abogada, en el sumario instruido en la Audiencia Provincial de Navarra contra Ricardo Zabalza, su defendido, por injurias al jefe del Estado.

1933

AGN, APN, 562/1933, fol. 8r

Julia Álvarez Resano cursó las carreras de Magisterio y Derecho, y fue la segunda mujer admitida en el Colegio de Abogados de Pamplona. La defensa de Ricardo Zabalza fue su debut profesional, que coronó con la absolución del acusado. Ejerció a partir de entonces como asesora jurídica de la Federación Nacional de Trabajadores de la Tierra, de la UGT.

DIARIO DE NAVARRA

FRANQUEO CONCERTADO

PERIÓDICO INDEPENDIENTE

No se devuelven los originales

Año XXXI - Número 9.809 | Pamplona martes 21 de Noviembre de 1933 | Zapatería, 49. -Apartado N.º 6

Datos oficiales del resultado electoral en Navarra

	Votos
BLOQUE DE DERECHAS NAVARRAS	
Tomás Domínguez de Arévalo (Tradicionalista)	90.007
Esteban Bilbao Eguía (ídem)	77.211
Luis Arellano Dihinx (ídem)	73.425
Javier Martínez de Morentin (Asociaciones agrarias)	81.590
Rafael Aizpún Santafé (Unión Navarra)	77.690
Raimundo García García (Derechas independientes)	72.775
José Gafo Muñiz (Fuerzas sindicales)	64.184
CANDIDATURA SOCIALISTA	
Julia Alvarez	22.280
Ricardo Zabalza	21.627
Tiburci Osacar	20.877
Gregorio Angulo	20.652
Salvador Goñi	20.482
CANDIDATURA NACIONALISTA	
Manuel Irujo	14.953
José Antonio Aguirre	14.265
Julio Echaide	13.449
Serapio Esparza	13.436
Félix Izco	13.222
CANDIDATURA DEPUBLICANO-RADICAL	
Francisco Oliver	5.889
Fernando Romero	5.675
Orosio Cristobalena	5.141
Serafín Yanguas	4.888
José Ubago	4.248
CANDIDATURA REPUBLICANO RADICAL SOCIALISTA	
Arcadio Ibañez	2.828
Félix Luri	2.724
CANDIDATURA COMUNISTA	
Jesús Sáez Madurga	1.881
Vicente Zozaya	1.275
Juan Mendiola	1.053
José Aranceta	963
Augusto Urabayen	948

Candidatura socialista de Julia Álvarez.

21 de noviembre de 1933

AGN, HEMEROTECA, Diario de Navarra_21-11-1933, p.1

Julia Álvarez dio el salto a la política regional en 1933: presentó su candidatura a Cortes por Navarra y Guipúzcoa, siendo una de las primeras mujeres españolas en acceder a una lista política, si bien no resultó elegida.

▶

Intervención de Julia Álvarez Resano en el mitin convocado por el Frente Popular en la plaza de toros de Las Ventas (Madrid) el 8 de marzo de 1936.

Foto Alfonso

Ministerio de Cultura y Deporte. Archivo General de la Administración.

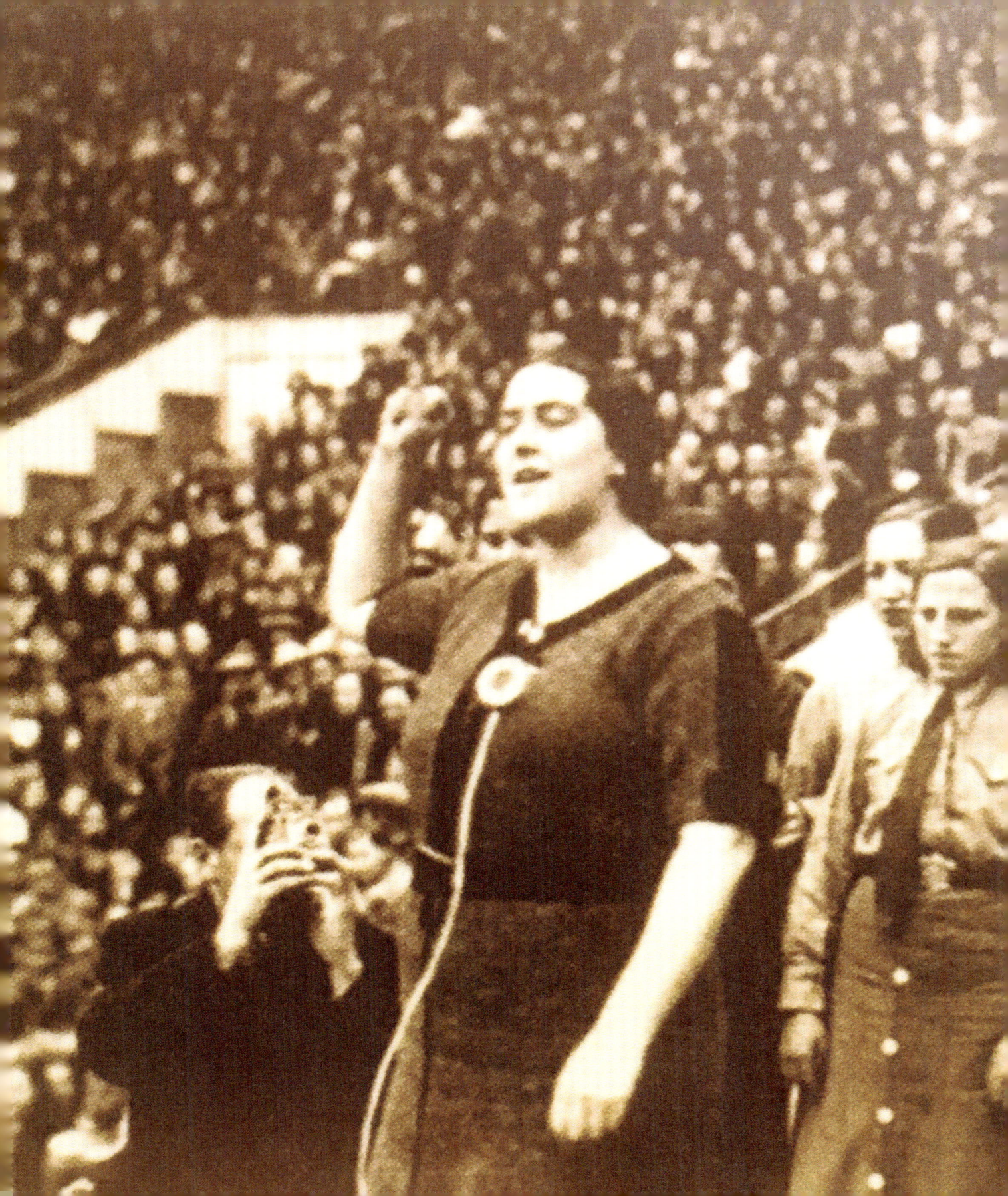

ARCHIVOS COLABORADORES

AGN: ARCHIVO REAL Y GENERAL DE NAVARRA

ADP: ARCHIVO DIOCESANO DE PAMPLONA

AMO: ARCHIVO MUNICIPAL DE OLITE

AMT: ARCHIVO MUNICIPAL DE TUDELA

ANF: ARCHIVES NATIONALES DE FRANCE

ADS: ARCHIVES DÉPARTEMENTALES DE LA SARTHE

ADSM: ARCHIVES DÉPARTEMENTALES DE LA SEINE-MARITIME

BL: BRITISH LIBRARY

BN: BIBLIOTECA DE NAVARRA

CSJ: CONVENTO DE SAN JOSÉ DE PAMPLONA

FGN: FAMILIA GUIBERT NAVAZ

MC: MUSEO DEL CARLISMO

MEN-JCB: MUSEO ETNOLÓGICO DE NAVARRA "JULIO CARO BAROJA"

UN: UNIVERSIDAD DE NAVARRA

AGRADECIMIENTOS

BIBLIOTECA DE NAVARRA

MUSEO DEL CARLISMO

MUSEO ETNOLÓGICO DE NAVARRA "JULIO CARO BAROJA"

SECCIÓN DE REGISTRO, BIENES MUEBLES Y ARQUEOLOGÍA

AYUNTAMIENTO DE OLITE

AYUNTAMIENTO DE TUDELA

BIBLIOTECA UNIVERSIDAD DE NAVARRA

ARCHIVO DIOCESANO DE PAMPLONA

CONVENTO DE SAN JOSÉ DE PAMPLONA

FAMILIA GUIBERT NAVAZ

FAMILIA JAURRIETA

ARCHIVES NATIONALES DE FRANCE

ARCHIVES DÉPARTEMENTALES DE LA SARTHE

ARCHIVES DÉPARTEMENTALES DE LA SEINE-MARITIME

ARCHIVO GENERAL DE LA ADMINISTRACIÓN

BRITISH LIBRARY

BIBLIOTECA NACIONAL DE ESPAÑA

MUSEO NACIONAL DEL PRADO

BIBLIOTHÈQUE NATIONALE DE FRANCE

BIBLIOTHÈQUE SAINTE-GENEVIÈVE

GERMANISCHES NATIONALMUSEUM